Max Lucado
Glücklichsein leicht gemacht (AT)

Über den Autor

Max Lucado war langjähriger Pastor der *Oak Hills Church* in San Antonio, Texas. Er ist verheiratet, Vater von drei Töchtern und Verfasser vieler Bücher. Die Zeitschrift *Christianity Today* zählt ihn zu den bekanntesten christlichen Autoren Amerikas.

Zu seinen Bestsellern gehören u. a. „Leben ohne Angst", „Du schaffst das", „Leichter durchs Leben" und „Wie man Riesen besiegt".

MAX LUCADO

Glücklichsein
leicht gemacht

Eine Anleitung für ein besseres Miteinander
und ein zufriedenes Leben

Aus dem Englischen von Elke Wiemer

Inhalt

Kapitel 1: Der unerwartete Weg zur Freude 9
Kapitel 2: „Du bist der Größte, Rocky" 21
Kapitel 3: Macken 37
Kapitel 4: Der wunderbare Klang
 der zweiten Geige 49
Kapitel 5: Die hohe Kunst des Grüßens 63
Kapitel 6: Eine starke Position 75
Kapitel 7: Sie sind dran 90
Kapitel 8: Unwohlfühlbereich 104
Kapitel 9: Machen Sie den Mund auf 121
Kapitel 10: Fertiggemacht 133
Kapitel 11: Lass dich lieben und dann
 gib diese Liebe weiter 149
Der nächste Schritt: Die Glücks-Challenge 162

Fragen zum Nachdenken 171
Danksagung 227
Anmerkungen 229

Für Jim Barker

25 Jahre lang hast du mir viel beigebracht, warst mein Pastor und hast versucht, meinen Golfschwung zu verbessern. Zwei von diesen drei Dingen sind dir gelungen.
Danke, mein Freund.

Kapitel 1

Der unerwartete Weg zur Freude

Es ist sechs Uhr morgens, als der 92-jährige Johnny Barnes an einem Kreisel in Hamilton, der Hauptstadt der Bermudas, steht und den vorbeifahrenden Autofahrern zuwinkt. Er steht schon seit über zwei Stunden hier und er wird noch bis zehn Uhr hier stehen. Er bettelt nicht um Geld oder etwas zu essen. Er protestiert auch nicht, er klagt nicht, er streikt nicht und hängt nicht einfach nur herum.

Er macht die Menschen glücklich.

Er trägt einen Strohhut und einen grau melierten Bart. Er hat leuchtende Augen, strahlend weiße Zähne und dunkle, vom Wetter gegerbte Haut. Die Jahre haben seinen Rücken gebeugt und seinen Gang verlangsamt. Aber sie haben ihm nicht seine Freude genommen. Er winkt mit beiden Händen und ausgestreckten Armen. Dabei dreht er die Handgelenke, als würde er an einem Regler drehen.

Mit der rechten Hand wirft er einem Taxifahrer oder einem Pendler eine Kusshand zu.

„Ich liebe dich!", ruft er. „Ich werde dich immer lieben! ... Hallo, meine Liebe. Ich liebe dich!"

Und sie lieben auch ihn! Die Einwohner nennen ihn den

„Mr Happy Man" und fahren morgens extra dort vorbei, um ihn zu sehen. Wenn Johnny nicht dort steht, rufen die Menschen beim örtlichen Radiosender an, um sich nach ihm zu erkundigen. Wenn er aus Versehen ein paar Pendler übersieht, fahren die Menschen oft so lange im Kreisel, bis er ihnen zuwinkt.

Eines Morgens war eine schlecht gelaunte Frau fest entschlossen, ihn keines Blickes zu würdigen. Sie wollte an ihrer schlechten Laune festhalten. Aber sie sah doch in seine Richtung, und als er lächelte, lächelte sie zurück.

Und wieder einmal musste die schlechte Laune ins Gras beißen.

Johnnys Philosophie ist ganz einfach: „Wir Menschen müssen lernen, einander zu lieben. Eine der größten Freuden, die wir erleben können, besteht darin, anderen zu helfen."[1]

Würden Sie gern jemanden kennenlernen, der so ist und denkt wie er?

Oder noch besser: Wären Sie gern so wie er?

Wie lange ist es her, seit Sie zum letzten Mal ansteckende, unerschütterliche, unaufhaltsame Freude verspürt haben? Vielleicht sagen Sie jetzt: „So geht's mir eigentlich immer." Dann haben Sie wirklich Grund zum Feiern. (Denken Sie in diesem Fall doch mal darüber nach, ob Sie dieses Buch nicht lieber jemandem geben sollten, der es besser gebrauchen kann.) Doch bei vielen, wahrscheinlich den meisten von uns lautet die Antwort: „Das ist schon eine Weile her. Früher war ich glücklich, aber das Leben hat seinen Preis."

„Die Krankheit hat mich meine Gesundheit gekostet."

„Die Wirtschaftskrise hat mich meinen Job gekostet."

„Der Typ hat mir das Herz gebrochen."

Und unser Glück gleich mitgeraubt. Freude scheint etwas so Zerbrechliches zu sein. Heute ist sie da, morgen kommt ein Sturm auf, und sie ist vom Winde verweht.

Aber nichtsdestotrotz halten wir immer weiter danach Ausschau. Wir sehnen uns nach diesem Gefühl der Zufriedenheit und des Wohlbefindens. Laut Untersuchungen geben Menschen auf der ganzen Welt an, dass Glück ihr oberstes Lebensziel sei.[2] Das beliebteste Seminar in der dreihundertjährigen Geschichte der Universität Yale behandelte das Thema „Glück".[3] Die Titelblätter von Zeitschriften versprechen uns alles – von sexueller Erfüllung bis zu finanzieller Zufriedenheit. Und als ich den Begriff „Happy Hour" gegoogelt habe, erhielt ich innerhalb einer Sekunde 75 Millionen Ergebnisse.

Werbefirmen wissen das auch ganz genau. In der Fernsehwerbung machen sie große Versprechungen: „Du willst glücklich sein? Dann kauf unsere Handcreme. Du willst Freude erleben? Dann schlaf auf dieser Matratze. Du willst ein wenig Vergnügen? Geh in dieses Restaurant, fahr jenes Auto, trage diese Kleidung." Fast jede Werbestrategie präsentiert uns eine fröhliche Person, selbst wenn es um Werbung für Medikamente gegen Blähungen und Verstopfung geht. Zunächst verzieht die Person das Gesicht, als sie sich hinsetzt, aber nach dem Gebrauch des betreffenden Produkts ist sie dann der glücklichste Mensch auf der Welt.

Glück – jeder sehnt sich danach.

Und jeder profitiert davon. Glückliche Menschen führen stabilere Ehen, ihre Scheidungsrate ist niedriger und die Leistungsfähigkeit höher. Sie sind auch gesünder, weil sie ein stärkeres Immunsystem haben.[4] Im Rahmen einer Untersuchung haben Wissenschaftler einen Zusammenhang zwischen Glück und einem dickeren Geldbeutel festgestellt.[5] Die Analyse von 25 Studien hat ergeben, dass glückliche Menschen auch effektiver führen als Pessimisten.[6] Es zeigt sich also, dass alle vom Glücklichsein profitieren.

Doch immer weniger Menschen finden das Glück. Nur ein Drittel der befragten Amerikaner gab an, glücklich zu sein. Die *Harris Poll Survey of American Happiness* wird nun schon seit neun Jahren durchgeführt, und während all dieser Zeit lag der höchste Wert bei 35 Prozent. Das bedeutet, dass gewissermaßen über zwei von drei Personen ständig eine dunkle Wolke hängt.[7] Lächeln ist Mangelware. Manchen Schätzungen zufolge ist die Zahl krankhaft depressiver Menschen heute zehnmal so hoch wie noch vor hundert Jahren.[8] Nach Auffassung der Weltgesundheitsorganisation WHO könnten Depressionen bis zum Jahr 2020 weltweit sogar die zweithäufigste Todesursache sein.[9]

Früher waren ältere Menschen glücklicher. Menschen, die die sechzig oder siebzig schon überschritten hatten, gaben an, zufriedener zu sein und das Leben mehr zu schätzen. Das hat sich geändert. Das Alter scheint nicht länger das gleiche Maß an Zufriedenheit mit sich zu bringen wie früher.[10]

Wie kommt das? Die meisten Menschen haben heute Zugang zu Bildung, und ob es nun um Medizin oder Technologie geht: Wir haben in allen Bereichen Fortschritte gemacht. Trotzdem können 66 Prozent der Bevölkerung keinen ausreichenden Grund finden, bei der Umfrage nach dem Glücklichsein „Ja" anzukreuzen.

Sind die Gene vielleicht daran schuld? Nicht in dem Maße, wie man vielleicht meinen könnte. Wissenschaftlichen Untersuchungen zufolge beeinflusst unser Erbgut bis zu 60 Prozent unserer Grundeinstellung. Selbst wenn diese Angabe stimmt, können wir unser Glücksempfinden immer noch zu einem großen Prozentsatz selbst durch Verhalten und Gedanken beeinflussen.[11]

Also: Was ist los? Wie lässt sich angesichts dieser Zahlen die trübe Stimmung erklären? Die Antwort darauf ist zwar vielschichtig und komplex, aber folgender Gedanke spielt meines Erachtens eine Rolle: Wir verfolgen den falschen Ansatz.

Im Grunde verfolgen wir die gleiche Strategie wie die Werbebranche: mehr kaufen, schnellere Autos fahren, modischer gekleidet sein, mehr Alkohol trinken, auf den Ruhestand warten. Unser Glück hängt von dem ab, was im Schrank hängt, in der Garage steht oder als Trophäe im Regal, auf dem Konto ist, im Bett läuft, bei der Hochzeit an den Finger gesteckt wird oder zum Essen auf den Tisch kommt. Glücklich wird man, wenn man abnimmt, den Partner fürs Leben findet oder dem Sinn des eigenen Lebens auf die Spur kommt. Das ist der breite Weg zum Glück.

Doch obwohl er so vielversprechend aussieht, hält er doch nicht, was er verspricht.

Eine bekannte psychologische Studie hat ergeben, dass Menschen, die kürzlich in der Lotterie gewonnen hatten, auch nicht glücklicher waren als Menschen, die seit Kurzem aufgrund eines Unfalls unter körperlichen Einschränkungen litten. Die beiden Gruppen wurden gebeten anzugeben, „wie viel Freude ihnen Alltagsaktivitäten bereiten: Kleinigkeiten, die Spaß machen, wie zum Beispiel eine Unterhaltung mit Freunden, fernsehen, frühstücken, über einen Witz lachen oder ein Kompliment bekommen. Als die Wissenschaftler die Ergebnisse analysierten, stellten sie fest, dass die Unfallopfer angaben, mehr Freude an diesen Alltagsaktivitäten zu haben als die Lotteriegewinner."[12]

Selbst die Begeisterung über einen Lotteriegewinn lässt irgendwann nach.

Wenn sie mehr Geld zur Verfügung haben, macht das wirklich arme Menschen glücklicher, denn sie müssen sich nicht länger Sorgen darüber machen, ob sie genug zu essen, ein Dach überm Kopf und medizinische Versorgung haben. Doch wenn Menschen erst einmal zum gehobenen gesellschaftlichen Mittelstand gehören, bringen selbst große Geldbeträge – wenn überhaupt – kaum noch Freude.[13] US-Amerikaner mit einem Jahreseinkommen von über zehn Millionen Dollar sind nach eigenen Angaben nur geringfügig glücklicher als die Personen, die für sie arbeiten.[14] Ein Harvard-Dozent sagte einmal: „Wir glauben, Geld würde uns sehr lange sehr glücklich machen, aber in Wirklichkeit macht es uns nur kurze Zeit ein wenig glücklich."[15]

Wir haben doch alle schon glückliche einfache Menschen und unglückliche Millionäre gesehen.

Es gibt noch einen anderen Weg zum Glück. Dafür braucht man allerdings keine Kreditkarte, keine Hypothek und keinen glücklichen Zufall. Man braucht auch keine Flugtickets und keine Hotelreservierung, keinen Uniabschluss, keinen Doktor- oder Adelstitel. Alter, Herkunft und Geschlecht spielen keine Rolle. Ein mildes Klima, blauer Himmel und eine Botoxbehandlung sind ebenfalls keine Voraussetzungen. Sie haben kein Geld für den Psychologen, die Schönheits-OP oder eine Hormontherapie? Macht nichts. Sie müssen sich weder einen neuen Job suchen noch umziehen oder Ihr Aussehen verändern.

Aber Sie müssen vielleicht einen anderen Weg einschlagen.

Auf dem Schild zum breiten Weg steht: „Du wirst glücklich, wenn du etwas bekommst." Auf dem Schild zum weniger häufig eingeschlagenen schmalen Weg steht: „Du wirst glücklich, wenn du gibst."

Gutes zu tun tut demjenigen gut, der es tut.

Studien belegen das.

Im Rahmen einer Studie wurde bei den Probanden ein MRT gemacht. Während sie in dem Untersuchungsgerät lagen, sagte man ihnen, sie sollten einen Teil ihres Vermögens einer wohltätigen Organisation spenden. Man konnte feststellen, dass nun die Bereiche ihres Gehirns starke Aktivität zeigten, die auch dann aktiv sind, wenn wir Vergnügen erleben, wie Essen oder Sex. Wenn wir also etwas spenden, um anderen zu helfen, setzt das Dopamin frei.[16] (Wäre das nicht ein neuer Slogan für einen Spendenaufruf?)

Bei einer anderen Studie fanden Sozialpsychologen heraus, dass überdurchschnittlich glückliche Menschen acht Gemeinsamkeiten haben. Bei zweien davon geht es darum, anderen zu helfen. Glückliche, zufriedene Menschen „verbringen viel Zeit mit Familie und Freunden und pflegen und genießen diese Beziehungen". Und „sie sind oft die Ersten, die Kollegen oder Fremden ihre Hilfe anbieten".[17]

Sie sehnen sich nach mehr Lebensfreude? Tun Sie jemand

anderem etwas Gutes. Erst heute habe ich ein schönes Beispiel dafür erlebt. Ich traf mich mit einem Mann und seiner Tochter, um die Beerdigung seiner Frau bzw. ihrer Mutter zu planen. Patty war zu ihren Lebzeiten ein völlig selbstloser Mensch gewesen. Wir dachten darüber nach, wie viele Kinder sie wohl in den Arm genommen oder unterrichtet hatte, wie viele Windeln sie gewechselt und Personen sie ermutigt hatte. Wenn sie einen angelächelt hatte, war das, als würde die Sonne aufgehen.

Vor drei Monaten hatte sie einen Schlaganfall erlitten, nach dem sie nicht mehr sprechen konnte und teilweise gelähmt war. Nach dem Krankenhausaufenthalt ging sie in die Reha. Sie war zu diesem Zeitpunkt so niedergeschlagen, dass sie nicht mehr essen wollte und unter Schlafstörungen litt. Eines Abends hatte ihre Tochter eine Idee: Sie half ihrer Mutter, sich in einen Rollstuhl zu setzen, und schob sie von Zimmer zu Zimmer, immer auf der Suche nach Menschen, die Ermutigung brauchten. Und es dauerte nicht lange, bis sie fündig wurden.

Patty konnte zwar nicht sprechen, aber sie konnte die Menschen berühren und für sie beten. Also tat sie beides. Sie streichelte andere Patienten über den Arm und legte ihnen dann die Hand aufs Herz und neigte den Kopf. Sie verbrachte den Rest des Abends damit, von einem zum anderen zu gehen, sie zu berühren und für sie zu beten. An jenem Abend bekam sie wieder Appetit und verbrachte eine friedliche Nacht.

Was Jesus gesagt hat, trifft es genau: „Es liegt mehr Glück im Geben als im Nehmen" (Apostelgeschichte 20,35). Denn wenn man gibt, tritt gewissermaßen ein positiver Bumerangeffekt ein: Das Glück kommt zu uns, wenn wir es verschenken.

Das ist eine sehr gute Nachricht. Auf unsere Erbanlagen haben wir keinen Einfluss. Auf das Wetter, den Verkehr oder die Regierung unseres Landes haben wir keinen oder nur sehr begrenzten Einfluss. Aber die Anzahl von lächelnden Menschen auf diesem Planeten können wir steigern. Wir können den Wut-Pegel in unserem Ort senken. Sie, ja, Sie können dazu beitragen, dass Menschen besser schlafen, mehr lachen, summen und nicht nörgeln, erhobenen Hauptes gehen und nicht zu Boden starren. Sie können die Last anderer Menschen leichter machen und ihnen den Tag versüßen. Und seien Sie nicht überrascht, wenn Sie selbst dabei neue Freude entdecken. Genau darum geht es nämlich in diesem Buch: um den unerwarteten Weg zur Freude.

Und Jesus von Nazareth steht schon bereit, um Sie dabei zu begleiten.

Man hat Jesus vieles vorgeworfen, aber nie, dass er ein schlecht gelaunter, egoistischer Zeitgenosse war. Die Menschen stöhnten nicht, wenn er auftauchte. Sie suchten nicht das Weite, wenn er den Raum betrat.

Er nannte sie beim Namen.

Er hörte sich ihre Geschichte an.

Er beantwortete ihre Fragen.

Er besuchte ihre kranken Verwandten und half ihren kranken Freunden.

Er fing Fische mit Fischern, aß mit ganz gewöhnlichen Menschen wie du und ich und sagte Dinge, die andere aufbauten und ermutigten. Er nahm an Hochzeiten teil. Bei einer davon wurde ihm sogar die Verantwortung für die Weinkarte übertragen. Er ging zu so vielen Feiern, dass man ihm vorwarf, er treibe sich mit unanständigen Menschen und fragwürdigen Gestalten herum. Tausende kamen, um ihm zuzuhören. Hunderte folgten ihm nach. Sie schlossen ihre Läden und hängten ihren Job an den Nagel, um bei ihm zu sein. Sein erklärtes Ziel war: „Ich bin gekommen, um das Leben zu bringen, mit Freude und Überfluss" (Johannes 10,10 nach der englischen Übertragung *The Voice*). Jesus war glücklich und will, dass wir es auch sind.

Als die Engel das Kommen des Messias ankündigten, verkündeten sie „eine gute Nachricht, über die im ganzen Volk große Freude herrschen wird" (Lukas 2,10; NGÜ), und keine „schlechte Nachricht, die das ganze Volk belasten wird". In der Bibel kommen Begriffe wie *Freude, Glück, Vergnügen, feiern, fröhlich sein, lachen, jubeln, sich freuen, Segen* mehr als 2700-mal vor.[18] Es ist Gott also offenbar wichtig, dass wir uns freuen.

Das soll jetzt kein Aufruf zu naiver oder oberflächlicher Fröhlichkeit sein. Jesus sprach auch unverblümt über Sünde, Tod und das, was im menschlichen Herzen vor sich geht. Aber er tat es voller Hoffnung. Er brachte den Menschen des 1. Jahrhunderts Freude. Und er will auch den Menschen unserer Zeit Freude bringen und hat dazu einige Botschafter angeworben: Sie und mich.

Aber das ist keine leichte Aufgabe. Menschen können ausgesprochen launisch, unbeständig und dickköpfig sein. Und hier spreche ich nur vom Ehemann meiner Frau! Wenn wir der Freude auf die Spur kommen wollen, die entsteht, wenn man Freude *verschenkt*, brauchen wir einen Plan. Wir brauchen eine Anleitung. Kein Wunder, dass in der Bibel so oft davon die Rede ist, wie man Freude findet: indem man sie teilt. Im Neuen Testament steht über 50-mal der Ausdruck „einander". Dabei geht es um ganz praktische Grundsätze, wie man wahres Glück findet. Ich habe diese Verse in zehn Punkten zusammengefasst:

1. Ermutigt einander (1. Thessalonicher 5,11).
2. Ertragt einander (Epheser 4,2).
3. Interessiert euch füreinander und für das, was der andere tut (Philipper 2,4).
4. Grüßt einander (Römer 16,16).
5. Betet füreinander (Jakobus 5,16).
6. Dient einander (Galater 5,13).
7. Nehmt einander an (Römer 15,7).
8. Ermahnt einander (Kolosser 3,16).
9. Vergebt einander (Epheser 4,32).
10. Liebt einander (1. Johannes 3,11).

Schlagen Sie den Weg dieser „einander"-Bibelstellen ein und nehmen Sie das Glücks-Projekt in Angriff. Ich glaube, Sie werden das entdecken, was die Bibel uns lehrt und auch die Wissenschaft bestätigt: Gutes zu tun tut demjenigen gut, der es tut.

Sie und ich leben auf einem Planeten, auf dem schrecklich viel Einsamkeit herrscht. In jedem Büro sitzen Menschen mit einem gebrochenen Herzen. Andere sind durch Entmutigung schier gelähmt. Diese Welt sehnt sich verzweifelt nach einer Gemeinschaft der Freundlichkeit. Wir können nicht jedes Problem in unserer Gesellschaft lösen, aber wir können ein paar Menschen zum Lächeln bringen. Und wer weiß: Wenn Sie Ihr Fleckchen auf dieser Welt ein bisschen heller machen und ich meines, bricht vielleicht eine stille Revolution der Freude aus.

Kapitel 2

„Du bist der Größte, Rocky"

Deshalb sollt ihr einander Mut machen und einer den anderen stärken ...
1. Thessalonicher 5,11

Mein großer Bruder hat mich früher immer geärgert. Für Dee war der Tag erst dann perfekt, wenn er mir meinen verdorben hatte. Er stellte mir ein Bein, wenn ich das Zimmer betrat. Er riss die Decke von meinem frisch gemachten Bett. Wenn wir miteinander balgten, drückte er mich zu Boden und setzte sich auf meine Brust, bis ich keine Luft mehr bekam. Wenn sein Fahrrad einen Platten hatte, nahm er mir meines weg. Er trat unter dem Esstisch nach mir, und wenn ich zurücktrat, tat er so, als könnte er kein Wässerchen trüben, und ich wurde erwischt. Durch ihn habe ich gelernt, was ein „Hosenzieher" ist. Er klaute mir mein Taschengeld. Er bezeichnete mich als Memme. Er beschmiss mich mit Kletten. Er dachte in jeder freien Minute darüber nach, wie er mich ärgern könnte.

Aber all seine grausamen Streiche wurden durch eine

einzige gute Tat wettgemacht: Er ließ mich in seiner Baseballmannschaft mitspielen.

An jenem Sommertag hatte Mutter ihm aufgetragen, auf seinen kleinen Bruder aufzupassen. Er durfte nur dann in den Park, wenn er mich mitnahm. Er stöhnte theatralisch, gab aber nach. Das tägliche Baseballspiel wollte er auf keinen Fall verpassen. Wir schnappten uns unsere Schläger, Kappen und Handschuhe, sprangen auf unsere Fahrräder und fuhren um die Wette zum Baseballplatz. Als wir ankamen, wimmelte es auf dem Platz bereits von Kindern.

Als die Mannschaften gewählt wurden, stellte ich mich hinter die anderen und machte mich auf das Schlimmste gefasst.

Die Zusammenstellung der Mannschaften kann die Seele eines Jungen für immer brandmarken. Das Ganze funktioniert so: Die beiden besten Spieler wählen die Mitglieder ihres Teams: „Ich nehme Johannes." „Ich nehme Thomas." „Ich will Jakob." „Und ich Emil." Die vier stolzieren dann auf ihre jeweiligen Mannschaftsführer zu und machen auf cool. Und sie verdienen es auch, immerhin wurden sie zuerst gewählt.

Der Auswahlvorgang geht so lange weiter, bis nur noch ein Kind dasteht. An jenem Tag wusste ich, dass dieses Kind Sommersprossen und rote Haare haben würde. Auf der Karriereleiter des Baseballs klammerte ich mich nämlich gerade noch so an die unterste Stufe.

Alle anderen gingen schon auf die weiterführende Schule – ich war erst in der dritten Klasse. Alle anderen konnten mit dem Baseballschläger umgehen – ich traf immer daneben. Alle anderen konnten werfen, fangen und schafften es bis zur Base. Ich hatte einen schlaffen Wurfarm, eine zu langsame Fängerhand und Backsteine an den Füßen.

Aber es geschah ein Wunder. Wenn die Engel über Situationen sprechen, in denen Gott auf mächtige Weise eingegriffen hat, steht dieser Augenblick auch auf ihrer Liste. Der Tag, an dem mein Bruder mich wählte, ist in etwa vergleichbar mit der Teilung des Roten Meeres und der Auferstehung von Lazarus. Natürlich wählte er mich nicht als Ersten. Aber bei Weitem auch nicht als Letzten. Es standen noch jede Menge guter Spieler zur Auswahl. Aber aus einem Grund, den nur er und Gott kannten, wählte er mich.

„Ich nehme Max", verkündete er.

Ein Murmeln ging durch die Menge. „Max?" *„Max?"* Wäre das Ganze eine Szene in einem Film gewesen, hätte sich die Gruppe geteilt, und die Kamera wäre auf den kleinen Kerl mit der roten Kappe gerichtet worden. Meine Augen waren tellergroß.

„Wen? Mich?"

„Ja, dich!", schnauzte mein Bruder mich an, als wollte er seine Großzügigkeit überspielen.

Ich neigte den Kopf zur Seite, setzte ein Elvis-Lächeln auf, stolzierte durch den armseligen Haufen noch nicht gewählter Spieler und nahm meinen Platz neben meinem unerwarteten Retter ein. Er hatte meinen Namen noch nicht ganz gesagt, da hatte ich mich schon aus der letzten Reihe ganz nach vorne gearbeitet, und alles nur, weil er mich ausgewählt hatte.

Dee wählte mich nicht etwa deshalb aus, weil ich gut war. Er nahm mich nicht wegen meiner Fähigkeiten oder Baseballkenntnisse in sein Team auf. Er nannte meinen Namen nur aus einem einzigen Grund: weil er mein großer Bruder war. Und an jenem Tag beschloss er, ein guter großer Bruder zu sein.

Das Neue Testament kennt einen Begriff für so eine Tat: *Ermutigung*. „Deshalb sollt ihr einander Mut machen und einer den anderen stärken ..." (1. Thessalonicher 5,11).

Gott tut das auch. „Gott aber ist es, der uns immer wieder neuen Mut und Trost schenkt, um standhaft zu bleiben" (Römer 15,5; Hfa).

Und Jesus tut das ebenfalls. „Wir bitten für euch, dass Jesus Christus ... eure Herzen ermutige und euch stärke in allem, was ihr sagt und tut!" (2. Thessalonicher 2,16–17).

Als Jesus seinen Jüngern zum ersten Mal vom Heiligen Geist erzählt (Johannes 14,16), nennt er ihn *parakletos*, ein Begriff, der auf das griechische Wort für *Ermutigung* zurückgeht.[1]

Die Verfasser der biblischen Bücher ermutigen uns. „Dies wurde vor langer Zeit aufgeschrieben, damit wir daraus lernen. Es soll uns Hoffnung geben und ermutigen ..." (Römer 15,4).

Die Gläubigen im Himmel ermutigen uns ebenfalls. „Da wir von so vielen Zeugen umgeben sind, die ein Leben durch den Glauben geführt haben, wollen wir jede Last ablegen, die uns behindert, besonders die Sünde, in die wir uns so leicht verstricken. Wir wollen den Wettlauf bis zum Ende durchhalten, für den wir bestimmt sind" (Hebräer 12,1). Eine riesige Menge Menschen, die ebenfalls mit Gott unterwegs sind, feuert uns an. Wie Zuschauer auf der Tribüne applaudieren diese „vielen Zeugen" uns vom Himmel aus zu. Sie feuern uns an, bis zum Ende durchzuhalten.

Der Vater, der Sohn, der Heilige Geist, die Bibel, die Gläubigen. Für Gott ist Ermutigung eine wichtige Sache.

Ermutigung bedeutet, dass wir jemandem „beistehen" und ihn „herausrufen". Diesen Eindruck vermittelt jedenfalls die Definition des griechischen Begriffes. Das Substantiv *paraklesis* setzt sich zusammen aus *para* (neben, bei) und *kaleo* (rufen).[2]

Jesus hat uns genau das vorgelebt.

Petrus war der Jünger, der in jedes Fettnäpfchen trat. Er neigte dazu, zuerst zu reden und dann nachzudenken, ganz zu schweigen davon, dass er einen großen Mund hatte. Und doch sah Jesus etwas in diesem ungehobelten Fischer, das es wert war, hervorgeholt zu werden.

Als Jesus in die Gegend von Cäsarea Philippi kam, fragte er seine Jünger: „Für wen halten die Leute den Menschensohn?"

„Nun", erwiderten sie, „manche sagen, er ist Johannes der Täufer, andere sagen, Elia, und wieder andere halten ihn für Jeremia oder einen der anderen Propheten."

Daraufhin fragte er sie: „Und was meint ihr, wer ich bin?"

Simon Petrus antwortete: „Du bist der Christus, der Sohn des lebendigen Gottes" (Matthäus 16,13–16).

Cäsarea lag genau an der Grenze zwischen Israel und der heidnischen Welt. Karawanen und Pilger von Äthiopien im Süden bis zur heutigen Türkei im Norden zogen dorthin. Mehr als jede andere Stadt im damaligen Palästina war Cäsarea ein Schmelztiegel der Kulturen.

Den eher einfach gestrickten Nachfolgern von Jesus mag angesichts des weltoffenen Flairs dieser Stadt schon die

Spucke weggeblieben sein. Sie hörten vermutlich die verlockenden Rufe der Frauen und den Lärm der Kneipen und rochen den Duft fremdländischer Delikatessen. Aber vor allem sahen sie die Tempel. Religion war in Cäsarea das, was Gemüse auf dem Wochenmarkt ist: allgegenwärtig. Hier wurde jede nur erdenkliche Gottheit angebetet.

In diesem Sammelbecken der Religionen und Kulturen fragte Jesus seine Nachfolger: „Was denkt ihr denn, wer ich bin?" Ich kann das Schweigen der Jünger regelrecht hören. Jemand räuspert sich. Einer oder zwei – oder zehn – seufzen. Ich sehe, wie sie die Blicke senken, ihre Schultern hängen lassen und den Kopf neigen.

Schließlich ergreift Petrus das Wort. Wir können uns wahrscheinlich lebhaft vorstellen, wie er nach einer langen Pause die gewagtesten Worte sagt, die er und vermutlich auch jeder andere jemals ausgesprochen hat. Er sieht den mittellosen Rabbi aus Galiläa an und sagt: „Du bist der Christus, der von Gott gesandte Retter! Du bist der Sohn des lebendigen Gottes" (Matthäus 16,16; Hfa).

Christus bedeutet der *Gesalbte* oder *Erwählte*. Nach hebräischem Verständnis war der Christus nicht einfach nur der Klassenprimus, er war eine Klasse für sich. Er war nicht das letzte Wort, er war das einzige Wort. Und Petrus wagte zu behaupten, dass Jesus dieser Christus war.

Jesus hätte bei diesem Bekenntnis vor Freude fast einen Luftsprung gemacht. „Du kannst dich wirklich glücklich schätzen, Simon, Sohn von Jona" (Matthäus 16,17; Hfa). Oder um es in heutigem Deutsch zu sagen: „Volltreffer! Hammerhart! Du bist der Größte!" Jesus klatscht Petrus quasi Beifall oder stupst ihn an. Es ist, als würde er ihn umarmen und auch noch das letzte bisschen Zweifel aus ihm herausdrücken.

Er gibt dem Apostel sogar einen neuen Namen. Simon soll nun *Petrus* genannt werden, ein Name, der mit dem griechischen Wort *petros* verwandt ist – *Stein* –, er ist nun quasi Rocky. Simon, der Mann mit dem felsenfesten Glauben, braucht auch einen steinharten Namen. Also gibt Jesus ihm einen.

Was meinen Sie, wie sich Petrus nach dieser Extraportion Bestätigung gefühlt hat? Hat er sich wohl ermutigt gefühlt, wenn seine Freunde ihn jetzt Rocky nannten, wenn Jesus ihm den Arm um die Schulter legte und sagte: „Ich hab dich gern, Rocky", oder wenn er abends beim Einschlafen an seinen neuen Namen dachte? Natürlich hat er das.

Jesus hat mit Petrus das gemacht, was Ermutiger eben tun: Er rief das Beste aus ihm hervor. Er baute Petrus auf. Mit dem Geschick eines Steinmetzes schichten Ermutiger Bausteine der Bestätigung und Inspiration aufeinander.

Und ihre Bemühungen zahlen sich aus. Durch jahrzehntelange Forschungen hat der Eheforscher John Gottman etwas Interessantes über glückliche Ehepaare herausgefunden: In einer gesunden Beziehung ist das Positiv-negativ-Verhältnis 5:1. Das bedeutet, auf eine negative Bemerkung oder Kritik kommen fünf positive Handlungen oder ermutigende Worte.[3]

Ähnliche Ergebnisse hat man auch bei Teams in Unternehmen festgestellt. Eine Studie zum Thema „effektive Leitungsstile" hat ergeben, dass in einem leistungsstarken Team ein Positiv-negativ-Verhältnis von fast 6:1 herrscht. In leistungsschwachen Teams kamen dagegen durchschnittlich drei negative Bemerkungen auf eine positive.[4]

Bewusste Ermutigung hat auch mein Leben verändert. Als ich in meinem dritten Jahr als leitender Pastor unserer Gemeinde tätig war, kam einer unserer ehemaligen Pastoren zurück. Er zog nicht nur zurück in unsere Stadt, sondern arbeitete hauptamtlich in der Gemeinde mit. Charles Prince war 30 Jahre älter als ich, hatte in Harvard studiert und war Mitglied von Mensa, der Gesellschaft für Hochbegabte. Ich hingegen war Mitte 30, ein Neuling und Gründungsmitglied der Gesellschaft für Begriffsstutzige. Unsere Zusammenarbeit hätte sehr unangenehm und einschüchternd sein können, doch Charles beugte gleich jeder Spannung vor, indem er mir erklärte: „Es wird keinerlei Spannungen zwischen uns geben. Ich werde dein größter Unterstützer sein."

Und das war er auch! 25 Jahre lang – bis zu dem Tag, an dem er starb – konnte ich mich darauf verlassen, dass er mir nach der Predigt auf die Schulter klopfen und sagen würde: „Du wirst jede Woche besser!" Es fiel mir schwer, das zu glauben, aber ich wusste seine Worte immer sehr zu schätzen.

Eine solche Form der Ermutigung hat gewissermaßen eine „Michelangelo-Wirkung" auf Menschen: Michelangelo sagte immer, dass er die Figur des David schon in dem Marmorblock sehen konnte und sie dann nur herausmeißeln musste. Ähnliches gilt auch für den Ermutiger: Er sieht das Beste in Ihnen und lockt es aus Ihnen hervor, und zwar nicht mit einem Meißel, sondern mithilfe von Bestätigung und Ermutigung.

Dr. Barbara Fredrickson, eine Sozialpsychologin aus North Carolina und Verfasserin von *Positivity*, hat die Behauptung aufgestellt, dass positive Gefühle unsere Wahrnehmung und auch unser peripheres Sehen verbessern und uns das große Ganze sehen lassen. Positive Gefühle öffnen unseren Geist und helfen uns so, unsere Beziehungen zu stärken und unsere Gesundheit zu verbessern, indem sie uns mehr Energie verleihen. Neutrale Emotionen setzen unserem Geist dagegen Grenzen und negative Gefühle engen ihn noch mehr ein.[5]

Mit anderen Worten: Wenn ein Fußballtrainer dafür sorgen will, dass eine Spielerin *noch einmal* am Tor vorbeischießt, sollte er wütend werden und sie anschreien. Wenn der Trainer jedoch will, dass die Spielerin mit mehr Weitsicht aufs Feld zurückkehrt, sollte er ihr den Rücken stärken. „Die Menschen werden zu dem, wozu man sie ermutigt – und nicht zu dem, wozu man sie durch Kritik drängt."[6]

Ein kleiner Junge sagte einmal zu seinem Vater: „Papa, lass uns Darts spielen. Ich werfe und du sagst: ‚Das hast du toll gemacht!'"

Wir alle brauchen dieses „Das hast du toll gemacht!", und zwar, weil eine *Ent*mutigungsverschwörung im Gange ist. Unternehmen geben Milliarden von Dollar aus, um uns einzureden, dass irgendetwas nicht mit uns stimmt. Um Gesichtscreme zu verkaufen, erzählen sie uns, wir hätten Falten. Um Kleidung zu verkaufen, erklären sie uns, unsere sei von gestern. Um Haarfarbe zu verkaufen, überzeugen sie uns davon, dass unsere Haare nicht schön sind. Werbefirmen nutzen die hellsten Köpfe und tiefsten Geldbeutel, um uns einzureden, wir seien fett, hässlich, altmodisch und riechen schlecht. Wir stehen ständig unter Beschuss!

Es geht uns wie den beiden Kühen auf der Weide, an denen der Milchwagen vorbeifährt. Auf dem Wagen steht: „Pasteurisiert, homogenisiert, mit Vitamin A angereichert." Da sagt die eine Kuh zur anderen: „Da fühlt man sich doch irgendwie unzulänglich, oder?"

Und heutzutage fühlen sich Milliarden von Menschen genau so: unzulänglich.

Wer wird den Menschen die Wahrheit sagen? Sie? Werden Sie auf dieser Welt Ermutigung verbreiten? Werden Sie für ein bisschen Glück sorgen? Werden Sie das Kind, das in der hintersten Reihe steht und von allen übersehen wird, nach vorne rufen? Werden Sie die Menschen daran erinnern, dass wir nach Gottes Ebenbild erschaffen sind? Dass wir erwählt und geliebt sind und eine Bestimmung haben? Dass Gott *für* uns und nicht gegen uns ist? Dass wir in Gottes Hand sind und dass er liebevolle Absichten für uns hat? Werden Sie sich der Welle der Unzulänglichkeit entgegenstellen, die die Menschen hinaus aufs Meer zieht?

Werden Sie auf die Tim Scotts dieser Welt zugehen? Tim hatte schlechte Karten. Seine Eltern ließen sich scheiden, als er sieben war. Seine Mutter war Afroamerikanerin, und obwohl sie 16 Stunden am Tag als Pflegehelferin arbeitete, gelang es ihr nicht, die Familie aus der Armut herauszuholen. Als Teenager verkaufte Tim im örtlichen Kino Popcorn, während viele seiner Freunde Videospiele und Mädchen für sich entdeckten. In der Pause lief er schnell über die Straße zu einem Imbiss und holte sich Pommes und etwas zu trinken. Der Imbiss gehörte John Moniz. Diesem fiel der junge Stammkunde auf, und er fragte ihn, warum er nie mehr kaufe. Tim gestand, dass er sich nicht mehr leisten konnte.

Moniz dachte über die Notlage dieses Teenagers nach. Er beschloss, ihm den Rücken zu stärken. Eines Abends brachte er eine Tüte mit Sandwiches über die Straße zu Tim. Die beiden unterhielten sich, es entstand eine Freundschaft, und John begann, am Leben des Jungen Anteil zu nehmen. Moniz erfuhr, dass er in der Schule in mehreren Fächern durchgefallen war. Also brachte er ihm wichtige Lektionen zum Thema „Disziplin und Verantwortung" bei. Er vermittelte ihm auch die Geschäftsprinzipien, die er in seinem Laden anwandte. Aber vor allem erzählte Moniz seinem jungen Freund von Jesus.

Tim verschlang alle Sandwiches und Weisheiten, die Moniz ihm brachte. Mit siebzehn hatte er das Gefühl, dass sein Leben wieder in geordnete Bahnen kam. Dann geschah etwas Tragisches. Moniz starb mit 37 an einer Lungenembolie. Tim stand am Grab seines Freundes und an einem Scheideweg. Man muss ihm zugutehalten, dass er die Lektionen, die Moniz ihm vermittelt hatte, umsetzte. Er schrieb eine Willenserklärung für sein Leben auf. Sein Ziel? Positive Auswirkung zu haben auf eine Milliarde Menschen.

Ein ziemlich ehrgeiziges Ziel. Aber er ist auf dem besten Weg, es zu erreichen. Tim Scott wurde 2013 als Mitglied des amerikanischen Senats vereidigt – und damit seit der Wiedereingliederung der Südstaaten nach dem Sezessionskrieg im späten 19. Jahrhundert als erster afroamerikanischer Senator aus dem Süden.[7]

Und alles fing mit einem Sandwich und einem Mann an,

der bereit war, die Straße zu überqueren, um jemanden zu ermutigen. Vielleicht können wir ja etwas Ähnliches tun.

Schauen Sie den Simon Petrussen unserer Welt in die Augen, und wecken Sie den Rocky in ihnen, indem Sie ...

... *aufmerksam zuhören*. Bei einer Gelegenheit kam eine völlig verzweifelte Frau zu Jesus. Sie hatte kein Geld und keine Hoffnung mehr. Die Ärzte waren mit ihrem Latein am Ende. Aber am schlimmsten war, dass diese Frau keine Freunde mehr hatte. Sie war durch ihre Krankheit unrein und damit von ihrer Familie abgeschnitten und jeder Gottesdienstbesuch war ihr verwehrt. Schon seit über einem Jahrzehnt war sie aus der Gesellschaft ausgestoßen. Und dann kam Jesus in die Stadt. Er war auf dem Weg zum Leiter der Synagoge, um dessen Tochter zu heilen. Die Menschen standen dicht gedrängt, und alle schubsten, um sich nach vorn zu drängen, dennoch war sie wild entschlossen. Sie streckte ihren Arm zwischen den Menschen hindurch, und es gelang ihr, den Saum seines Gewandes zu berühren. Und in diesem Augenblick hörten ihre Blutungen auf. „,Wer hat mich berührt?', fragte Jesus" (Lukas 8,45). Die Frau wich zurück. Nach zwölf Jahren der Ablehnung war ihr diese Aufmerksamkeit nicht geheuer. Aber Jesus wiederholte noch einmal, dass jemand ihn angefasst hatte. Und diesmal meldete sie sich zu Wort. „Zitternd vor Angst trat die Frau auf ihn zu ... Sie warf sich ihm zu Füßen und sagte ihm, was sie getan hatte" (Markus 5,33).

Sie erzählte ihm alles! Wie lange war es wohl schon her, seit jemand sich ihre Geschichte angehört hatte? Jesus nahm sich die Zeit und ließ sie reden. Er hätte allen Grund gehabt, es nicht zu tun. Die Menge wartete, die Ältesten der Stadt standen da, ein Mädchen lag im Sterben, die Leute drängten, die Jünger stellten Fragen. Und Jesus? Er hörte zu. Er hielt inne und hörte zu. Er musste es nicht tun. Dass er sie geheilt hatte, wäre schon genug gewesen. Für sie wäre es genug gewesen, für die Menge auch, aber nicht für Jesus. Er wollte mehr tun, als nur ihren Körper zu heilen. Er wollte ihre Geschichte hören. Das Wunder stellte sie in körperlicher Hinsicht wieder her. Dass er ihr zuhörte, stellte ihre Würde wieder her. Und was er dann tat, hat diese Frau wahrscheinlich nie wieder vergessen. Er schenkte ihr Bestätigung. Er nannte sie „Tochter". Das ist die einzige Stelle in den Evangelien, an der er eine Frau so nennt. „Tochter ... dein Glaube hat dich gesund gemacht. Geh in Frieden" (Lukas 8,48).

Tun Sie für jemand anderen das Gleiche. Bitten Sie jemanden, Ihnen seine oder ihre Geschichte zu erzählen. Widerstehen Sie dem Drang, den anderen zu unterbrechen oder ihn zu korrigieren. Schalten Sie den Fernseher aus. Verlassen Sie das Internet. Klappen Sie den Laptop zu. Schalten Sie das Handy stumm. Machen Sie dem anderen ein wertvolles Geschenk: Ihre volle Aufmerksamkeit.

... überschwänglich loben. Wenn in der Bibel von Ermutigung die Rede ist, sind damit nicht ein paar beiläufige, freundliche Worte gemeint, sondern der vorgefasste Entschluss, jemanden aufzubauen. „Und lasst uns darauf bedacht sein, dass wir einander anspornen zur Liebe und zu guten Taten" (Hebräer 10,24; ZB). Auf etwas *bedacht zu sein* bedeutet, sich Gedanken darüber zu machen und es sich vorzunehmen.

John Trent berichtet in einem seiner Bücher von einem jungen Vater, dessen kleine Tochter gerade in der Trotzphase steckte. Sie war ein wirklich niedliches Kind, hatte aber einen ausgeprägten Eigensinn – und die Situation wuchs ihm und seiner Frau beinahe über den Kopf. Der Vater beschloss, mit seiner Tochter frühstücken zu gehen und ihr mitzuteilen, wie sehr sie sie liebten und wie viel sie ihnen bedeutete. Beim Pfannkuchenessen sagte er zu ihr: „Jenny, du sollst wissen, wie sehr ich dich liebe und dass du für deine Mutter und mich etwas ganz Besonderes bist. Wir haben jahrelang für dich gebetet, und jetzt, wo du hier bist und einmal ein wunderbares Mädchen sein wirst, sind wir unheimlich stolz auf dich."

Als er ausgeredet hatte, entgegnete seine Tochter: „Mehr, Papa, mehr." Der Vater sagte noch mehr positive Dinge über sie und ermutigte sie. Als er aufhören wollte, bettelte sie erneut, er solle weitermachen. Das Ganze wiederholte sich noch zweimal. „Der Vater hatte an jenem Morgen nicht viel Gelegenheit zum Essen, aber seine Tochter bekam die emotionale Stärkung, die sie so dringend brauchte. Ein paar Tage später kam sie sogar zu ihrer Mutter gelaufen und sagte: ‚Mama, ich bin eine ganz besondere Tochter. Das hat Papa gesagt.'"[8]

Kennen Sie jemanden, der rückhaltlose Ermutigung braucht? Natürlich kennen Sie eine solche Person. Jeder von uns braucht jemanden, der ihn anfeuert. Also tun Sie es. „Haltet Ausschau nach dem Besten im anderen, und gebt euer Bestes, es hervorzuholen" (1. Thessalonicher 5,15; *The Message*).

Mitte der 1930er-Jahre unterbreitete ein Gruppenleiter des CVJM seinem Vorgesetzten einen Themenvorschlag für einen Kurs. Er basierte auf Prinzipien, die er während seiner Tätigkeit als Verkäufer in Warrensberg, Missouri, gelernt hatte. Seine Vorgesetzten waren nicht in der Lage, ihm den regulären Lohn von zwei Dollar pro Abend zu zahlen, doch er willigte ein, auf Provisionsbasis zu arbeiten.

Nach nur zwei Jahren war sein Kurs so beliebt, dass er statt der regulären zwei Dollar sogar 30 pro Abend verdiente. Ein Verlagsleiter hörte die Vorträge und ermutigte den Gruppenleiter, sie in einem Buch zusammenzustellen. Und genau das tat Dale Carnegie. Sein Buch *Wie man Freunde gewinnt: Die Kunst, beliebt und einflussreich zu werden* stand zehn Jahre lang auf der Bestsellerliste der *New York Times*. Und was war die Aussage des Buches? Man könnte sie in einem Satz zusammenfassen: „Ermutigt einander." Das Kapitel „Die hohe Kunst, Menschen richtig zu behandeln" fordert den Leser auf, anderen ehrliche, aufrichtige Anerkennung zu schenken.[9]

Hier mein Vorschlag: Rufen Sie einen guten Freund oder ein Familienmitglied an, das Sie sehr schätzen, und fangen Sie das Gespräch mit folgenden Worten an: „Bekomme ich zwei Minuten, um dir zu sagen, was für ein großartiger Mensch du bist?" Und dann legen Sie los. Bauen Sie Ihren Gesprächspartner auf. Schenken Sie ihm Anerkennung, bis er rot wird. Überschütten Sie ihn mit Ermutigung. Folgen Sie dem Beispiel des Apostels Paulus, der an seine Freunde in Ephesus schrieb: „Ich habe euch nichts vorenthalten oder verkürzt, was euch in irgendeiner Weise helfen könnte. Ihr ... habt alles bekommen: Wahrheit, Ermutigung, alles, was euer Leben durch den Glauben an Jesus Christus verändern konnte" (Apostelgeschichte 20,20; WD).

Vor einigen Jahren freundete ich mich mit einem Prediger aus Houston an. Nachdem wir zusammen gegessen hatten, fragte er mich: „Schreibst du Textnachrichten?" (Ich bin schon so alt, dass er das nicht unbedingt voraussetzen konnte.) Ich bejahte die Frage und wir tauschten unsere Handynummern aus. Einige Tage später schrieb er mir: „Ich ändere deinen Namen. Du heißt jetzt nicht länger Max, sondern Mächtiger Max!"

Man könnte meinen, ich hätte bei diesen Worten nur mit den Achseln gezuckt. Ich bin schließlich schon 64 Jahre und Pastor. Ich bewege mich in der eher förmlichen Welt von Predigten und Bibelstunden. Mächtiger Max? Das klingt doch eher nach Grundschule und Comics.

Aber nicht für mich. Wenn ich seinen Namen auf dem Display meines Handys sehe, greife ich sofort danach und lese die gerade eingetroffene Nachricht. Ich liebe es, ermutigt zu werden. So geht es doch uns allen. Also verbreiten wir ein bisschen Glück – ermutigen wir einander.

Sagen Sie jemandem, dass er „stark" ist. Erklären Sie jemandem, dass er etwas ganz „Besonderes" ist. Nennen Sie jemanden „Rocky".

Erwecken Sie den Petrus in einem Simon zum Leben.

Schenken Sie das, was Gott so gern gibt: Ermutigung.

Kapitel 3

Macken

*Seid freundlich und demütig,
geduldig im Umgang miteinander.
Ertragt einander voller Liebe.*

Epheser 4,2

Er stochert in aller Öffentlichkeit in seinen Zähnen herum.

Sie hat diese seltsame Angewohnheit, sich alle paar Sekunden zu räuspern.

Wenn er Nachrichten schaut, muss er zu allem seinen Senf dazugeben.

Ich glaube, sie trägt ihr Make-up mit dem Spachtel auf.

Er nimmt anderen immer die Vorfahrt.

Sie unterbricht ständig ihre Gesprächspartner.

Er ist in etwa so nahbar wie ein Stachelschwein.

Sie sieht die Dinge zu locker und ist zu nachsichtig.

Er geht Ihnen gegen den Strich.

Sie geht Ihnen auf die Nerven.

Irritierend, nervtötend, ärgerlich.

Grrrr.

Wenn sich die Menschen doch bloß nicht so menschlich benehmen würden. Wenn die Menschen doch nur Deo und Mundspülung benutzen, den Mund beim Kauen schließen, ihre schreienden Kinder beruhigen und ihren Vorgarten in Ordnung halten würden.

Die Welt sollte auf eine ganz bestimmte Weise funktionieren. Und wenn andere sich nicht so verhalten, wie wir es gern hätten, dann bezeichnen wir das als Macke. Nein, zwischen uns ist keine tiefe Kluft, es herrscht auch keine feindselige Rivalität, und das Verhalten des anderen stellt auch keinen Verstoß gegen das Gesetz dar. Es ist nur eine Macke.

Ich wurde neulich mit einer solchen Macke konfrontiert, als ich mit Denalyn ins Kino ging. Es war ein sehr lustiger Film und das Kino war sehr voll. Es gab kaum noch freie Plätze. Schließlich fanden wir zwei Sitze in der vorletzten Reihe.

Hatte ich schon erwähnt, dass es ein lustiger Film war? Zumindest dachte ich das. Und der Typ hinter mir dachte das auch. Aber es war nicht so, dass er nur lachte, wenn etwas Humorvolles passierte. Während alle anderen *nach* der lustigen Szene lachten, lachte er *vorher*. Wenn er einen Witz erahnte, fing er an zu kichern, so ein tiefes „hehehe". Dann bereitete er seine Frau auf den Witz vor und uns andere gleich mit. „Gleich stolpert er. Pass auf, Schatz. Gleich stolpert er. Er sieht den Bordstein nicht. Gleich stolpert er." Dann kam der große Augenblick und er verkündete: „Ich hab's doch gesagt! Er ist gestolpert! Er ist gestolpert!" Dann brach er in schallendes Gelächter aus, sodass man die nächsten Sätze des Filmes gar nicht mehr verstehen konnte. Es war schon sehr seltsam.

Welche Unarten gehen Ihnen auf die Nerven?

Ich kenne eine Frau, die sich über Gesichtsbehaarung aufregt. Aus irgendeinem Grund mag sie keine Bärte. Das muss wohl etwas Freudianisches sein, obwohl Freud einen Bart hatte. Als ich mir einen Bart wachsen ließ, brachte sie daher ihr Missfallen zum Ausdruck. Mehrfach. Meine Gesichtsbehaarung bereitete ihr schier Qualen. Sie kam wiederholt nach dem Gottesdienst auf mich zu und tat ihre Meinung kund. Und jedes Mal fragte ich mich: *Ist mein Bart so viel Aufregung überhaupt wert?*

Freude ist so ein kostbares Gut. Warum sollten wir sie für solche Haarspaltereien vergeuden?

Die Begriffe, die wir verwenden, um solche nervtötenden Unarten zu beschreiben, verraten, wer dabei tatsächlich leidet: „Er geht mir auf die Nerven", „Er geht mir auf den Keks" oder: „Sie ist eine Nervensäge". An wessen Nerven sägt sie denn herum? An meinen! Wer leidet? Ich! Jede Unart raubt uns ein Stück unserer Freude.

Nehmen wir einmal an, ein Eimer voller Tischtennisbälle stellt Ihr tägliches Kontingent an Freude dar. Und jedes Mal, wenn Sie sich über eine Unart aufregen, verschwindet ein Ball aus dem Eimer.

- Er hat seine schmutzige Wäsche auf dem Boden liegen lassen. Ein Ball weniger.
- Sie schminkt sich erst in allerletzter Minute. Und schon wieder einer weg.
- Müssen die Menschen sich unbedingt tätowieren lassen?
- Was geht ihn mein Tattoo an?
- Muss er unbedingt gleich auf zwei Parkplätzen parken?!
- Pfarrer sollten sich keinen Bart wachsen lassen!

Und so verschwinden die Bälle einer nach dem anderen, bis unsere Freude ganz weg ist.

Und wie wollen Sie andere zum Lächeln bringen, wenn Ihr eigener Eimer der Freude ein Loch hat? Sie können es nicht. Deshalb schrieb der Apostel Paulus: „Seid freundlich und demütig, geduldig im Umgang miteinander. Ertragt einander voller Liebe" (Epheser 4,2).

Das Wort, das der Apostel im Original für *geduldig* benutzt, ist eine Kombination der Begriffe, die im Deutschen mit *lang* und *Gemüt* übersetzt werden.[1] Ein aufbrausender Mensch ist leicht reizbar. Ein geduldiger Mensch ist *langmütig*. Mit anderen Worten: Er explodiert nicht schnell. Das Leben bringt Ärgernisse mit sich, aber sie müssen uns das Leben nicht vermiesen.

Ein geduldiger Mensch sieht durchaus all die Herausforderungen und auch die Eigenheiten seiner Mitmenschen. Aber statt negativ darauf zu reagieren, erträgt er sie. Danke, dass du eine so realistische Sicht der Dinge hast, Paulus. Es gibt viele Gelegenheiten, bei denen wir uns aneinander erfreuen und auch übereinander freuen, ja sogar richtig viel Freude aneinander haben. Aber es gibt ebenfalls Gelegenheiten, bei denen wir schier übermenschliche Anstrengungen aufbieten müssen, um einander zu ertragen. In dem Wort, das Paulus an dieser Stelle verwendet, schwingt genau das mit: tolerieren, aushalten, ertragen. Andere Übersetzungen machen dies deutlich:

„... indem ihr ... mit Langmut einander in Liebe ertragt" (Schlachter 2000).

„... geht nachsichtig und liebevoll miteinander um" (Neue Genfer Übersetzung).

„Habt Geduld und sucht in Liebe miteinander auszukommen" (Gute Nachricht Bibel).

Denalyn ist bereits seit 37 Jahren mit mir, dem König der Macken, verheiratet, was sie zu einer echten Fachfrau auf diesem Gebiet macht.

- Beim Autofahren schweifen meine Gedanken oft ab, und dann fahre ich im Schneckentempo. *(„Max, pass auf.")*
- Ich repariere Dinge – selbst auf die Gefahr hin, dass sie dabei kaputtgehen. *(„Max, ich hatte doch gesagt, dass ich den Handwerker bestellen kann.")*
- Ich stehe mitten in der Nacht auf, gehe in ein anderes Zimmer und schlafe dort weiter. Ich kann es nicht erklären. Ich wache einfach auf und habe das Bedürfnis, neue Weidegründe zu erkunden. *(„Max, wo hast du denn heute Nacht wieder geschlafen?!")*
- Wenn ich ein Steak esse, knackt es in meinem Kiefer. *(„Max, du lenkst die Leute am Nachbartisch ab.")*
- Ich halte es nicht länger als eine halbe Stunde auf einer Feier aus. Sie hingegen findet, dass zwei Stunden noch nicht genug sind. *(„Max, wir sind doch gerade erst gekommen.")*
- Mich einkaufen zu schicken ist, als würde man mich in den Dschungel schicken. Ich komme vielleicht nie wieder zurück. *(„Du warst zwei Stunden weg und hast nur Chips gekauft?!")*

Und trotzdem ist Denalyn der glücklichste Mensch im Umkreis von einem Dutzend verschiedener Postleitzahlenbereiche. Fragen Sie ihre Freunde oder unsere Töchter. Sie werden Ihnen bestätigen, dass sie mit einem komischen Kauz verheiratet ist, sich aber freut wie ein Kind an Fasching. Und was ist ihr Geheimnis? Sie hat gelernt, sich über meine Eigenarten zu freuen. Sie findet mich unterhaltsam. Wer hätte das gedacht?! Ihrer Ansicht nach bin ich ein Kandidat für einen Oscar in der Kategorie Exzentrik.

Verstehen Sie mich nicht falsch: Sie sagt mir durchaus ihre Meinung. Ich weiß, wann ich ihre Geduld strapaziere. Aber ich muss nie befürchten, dass ich sie überstrapaziere, und darüber bin ich froh.

Glücklich zu sein ist weniger ein Gefühl als vielmehr eine Entscheidung – die Entscheidung, einander zu ertragen.

Ertragen die Menschen Sie nicht auch? Stellen Sie sich doch einfach beim nächsten Mal, wenn es Ihnen schwerfällt, es mit anderen auszuhalten, die Frage, wie es wohl ist, es *mit Ihnen* auszuhalten.

Oder um es einmal so auszudrücken, wie Jesus es formuliert hat: Richten Sie den Blick nicht auf den Splitter im Auge des anderen, während Sie den Balken in Ihrem eigenen Auge übersehen. Wer denkt, dass Jesus nie Witze gemacht hat, der hat diese Stelle in der Bergpredigt noch nicht gelesen:

„Warum regst du dich über einen Splitter im Auge deines Nächsten auf, wenn du selbst einen Balken im Auge hast? Mit welchem Recht sagst du: ‚Mein Freund, komm, ich helfe dir, den Splitter aus deinem Auge zu ziehen', wenn du doch nicht über den Balken in deinem eigenen Auge hinaussehen kannst? Du Heuchler! Zieh erst den Balken aus deinem eigenen Auge; dann siehst du vielleicht genug, um dich mit dem Splitter im Auge deines Freundes zu befassen" (Matthäus 7,3–5).

Jesus beschreibt uns hier einen Mann, in dessen Auge ein 6 mal 10 Zentimeter dickes Kantholz steckt. Es steht aus seinem Gesicht hervor wie Pinocchios lange Nase. Wenn er sich dreht, gehen alle in Deckung. Seine Frau weigert sich, bei ihm im Bett zu schlafen, aus Angst, dass er sie erschlägt, wenn er sich umdreht. Er kann nicht mehr Golf spielen, weil der Balken jedes Mal im Boden stecken bleibt, wenn er den Blick senkt und auf den Ball schaut.

Doch obwohl der Balken in seinem Auge steckt, ist er sich dessen nicht bewusst. Er merkt nicht, dass er von den anderen angestarrt wird. Wenn es ihm doch einmal auffällt, denkt er, dass ihnen sein Hemd gefällt. Während er also den Balken in seinem eigenen Auge nicht sieht, kann er nicht umhin, den Mann auf der anderen Straßenseite zu bemerken, der sich mit dem Taschentuch übers Auge wischt.

Strotzend vor Selbstbewusstsein schaut sich der Mann mit dem herausstehenden Kantholz nach allen Seiten um, sodass die Menschen in seinem Umfeld die Flucht ergreifen müssen, geht dann über die Straße und verkündet: „Du musst besser aufpassen. Weißt du denn nicht, dass es ernsthafte Verletzungen nach sich ziehen kann, wenn du etwas im Auge hast?" Dann wendet er sich selbstgefällig ab und schlendert weiter die Straße entlang.

Ob das bizarr ist? Natürlich ist es das. Ob es zutrifft? Auf jeden Fall! Die Macken der anderen erkennen wir mit Adleraugen, aber wenn es um uns selbst geht, sind wir blind wie ein Maulwurf. Seien wir mal ehrlich, schonungslos ehrlich: Verbringen wir nicht viel mehr Zeit damit, andere zu korrigieren, als wir eigentlich sollten? Wissen wir über die

Fehler unserer Freunde nicht viel besser Bescheid als über unsere eigenen?

Uns geht es so ein bisschen wie dem Typen, der auf der Autobahn unterwegs war. Während der Fahrt rief ihn seine Frau an. Ihre Stimme klang panisch. „Schatz, sei vorsichtig! Ich habe gerade gehört, dass auf deiner Strecke ein Geisterfahrer unterwegs ist!"

Der Mann antwortete gleichermaßen erregt: „Das ist nur die halbe Wahrheit. Hier ist nicht nur ein Geisterfahrer unterwegs, es sind Hunderte!"

Sie sind der Meinung, die Menschen sollten toleranter sein? Dann seien Sie tolerant. Wünschen Sie sich, die Leute würden nicht so viel jammern? Wenn Sie damit aufhören, gibt es einen weniger, der jammert. Niemand kümmert sich um die Armen? Das soziale Engagement steigt, wenn Sie damit anfangen. Wenn Sie die Welt verändern wollen, dann müssen Sie bei sich selbst anfangen. Bevor Sie auf die Splitter in den Augen der anderen zeigen, sollten Sie dafür sorgen, dass Sie nicht mit einem Balken von der Größe einer ausgewachsenen Eiche herumlaufen.

D. L. Moody gehörte zu den einflussreichsten Christen seiner Zeit. Durch ihn kamen Tausende zum Glauben und er gründete zahlreiche Bildungseinrichtungen. Trotz seines Erfolgs genoss er den Ruf, ein demütiger Mann zu sein, der sich nichts auf sich selbst einbildete und mit anderen viel Nachsicht hatte. Er war bekannt für den Ausspruch: „Im Moment bereitet mir D. L. Moody so viele Schwierigkeiten, dass ich keine Zeit mehr habe, andere zu kritisieren."[2]

Jesus schließt in seiner Botschaft konstruktive Kritik jedoch nicht aus. Er fordert uns nur auf, die Reihenfolge zu beachten: „Zieh *erst* den Balken aus deinem eigenen Auge; dann siehst du vielleicht genug, um dich mit dem Splitter im Auge deines Freundes zu befassen" (Matthäus 7,5; Hervorhebung des Autors).

Es gibt Momente, in denen man sich zu Wort melden muss. Aber bevor Sie das tun, sollten Sie erst Ihre Motive unter die Lupe nehmen. Ziel sollte immer sein, dem anderen zu helfen und ihn nicht zu verletzen. Betrachten Sie sich selbst kritisch, bevor Sie andere kritisieren. Weisen Sie Ihr Gegenüber nicht gleich zurecht, sondern versetzen Sie sich lieber zunächst in seine Lage.

Wir alle machen Fehler. Ich kann mit der 90-jährigen Maria mitfühlen, die beschlossen hatte, dass sie einfach zu alt war, um noch Geschenke zu kaufen. Stattdessen entschied sie, ihren Verwandten und Freunden Karten zu schreiben und Schecks zu schicken. Auf jede Karte schrieb sie: „Kauf dir dein Weihnachtsgeschenk selbst."

Sie genoss die turbulenten Festtage. Aber als sie nach Weihnachten endlich dazu kam, ihren Schreibtisch aufzuräumen, entdeckte sie sehr zu ihrem Leidwesen unter einem Stapel Unterlagen die Schecks, die sie vergessen hatte mitzuschicken.[3]

Mir hätte das Gleiche passieren können.

Sind wir es einander nicht schuldig, nachsichtig miteinander zu sein?

Bei der Feier seines 30. Hochzeitstages verriet ein Freund mir das Geheimnis seiner glücklichen Ehe: „Meine Frau hat mir zu Beginn unserer Ehe eine Abmachung vorgeschlagen: Sie würde alle kleinen Entscheidungen selbst treffen und bei großen Entscheidungen einfach auf mich zukommen.

Ob du es glaubst oder nicht, aber in all den Jahren mussten wir keine großen Entscheidungen treffen."

Das war natürlich scherzhaft gemeint. Aber es ist klug, sich einzugestehen, dass es relativ wenige gravierende Entscheidungen im Leben gibt. Bei der überwiegenden Mehrzahl der Dinge handelt es sich einfach nur um Kleinigkeiten. Machen Sie sich keinen Stress bei Kleinigkeiten, dann haben Sie generell nicht viel Stress im Leben.

In den nächsten Tagen wird Ihre Geduld sicher auf die Probe gestellt: Ein anderer Autofahrer wird vergessen, den Blinker zu setzen. Ein Mitreisender im Zug wird zu laut telefonieren. Der Kunde vor Ihnen an der Expresskasse hat statt der erlaubten zehn Artikel fünfzehn. Ihr Mann schnäuzt sich die Nase und trötet dabei wie ein Elefant. Ihre Frau parkt ihr Auto so, dass Ihres nicht mehr danebenpasst. Wenn das passiert, dann denken Sie an den Eimer mit den Tischtennisbällen.

Rücken Sie keinen einzigen Ball heraus. Keine Eigenheit ist es wert, dass Sie es riskieren, dafür Ihre Freude oder die Freude anderer aufs Spiel zu setzen. Erinnern Sie sich noch an den Typen, der im Kino hinter mir saß? Ich hatte die Worte, die Sie gerade gelesen haben, noch frisch im Gedächtnis und beschloss, das zu beherzigen, was ich anderen predige. Statt mich über ihn aufzuregen, fing ich an, in sein Gelächter einzustimmen. Ich lachte bei seinem Vorab-Warngelächter. Ich lachte, wenn er seiner Frau erzählte, was jetzt gleich passieren würde. Ich lachte, wenn er lachte, und dann lachte ich darüber, dass er lachte. Da wurde mir bewusst, dass ich auf diese Weise von zwei Seiten unterhalten wurde: von der Leinwand vor mir und dem Kerl hinter mir!

Eine Stereo-Komödie. Es war, als würde ich zwei Filme auf einmal sehen.

Geduld hat einen positiven Bumerangeffekt. Wenn wir nachsichtig miteinander umgehen, bewahren wir uns unsere Freude und entdecken neue Gründe zu lächeln.

Das ist doch leicht, oder? Nein, ist es nicht.

Aber es ist wichtig. Das Leben ist zu kostbar und zu kurz, um sich die ganze Zeit aufzuregen.

Einer meiner Lieblingsorte ist ein Wäldchen am Guadalupe, einem Fluss nur wenige Minuten von meinem Haus entfernt. Es ist ein friedlicher Ort. Weiße Wölkchen ziehen gemächlich über mich hinweg. Ein hohes Steilufer hält den Wind ab. Zwischen den Steinen schwimmen Barsche. Am Ufer wächst Gras. Und die Bäume erst! Zypressen säumen das Ufer. Baumgruppen aus Mesquiten und Weißeichen stehen auf der Anhöhe. Sie haben ausladende Äste und graben ihre Wurzeln tief in den mit Erde bedeckten felsigen Untergrund. Sie überdauern den Winter und freuen sich auf den Sommer. Und alle sind krumm. Es gibt keinen einzigen geraden Stamm. Sie biegen und beugen sich. Auch wenn es keinen vollkommenen Baum gibt, sind sie der perfekte Ort, um zur Ruhe zu kommen. Angler dösen in ihrem Schatten. Vögel bauen Nester in den Zweigen. Eichhörnchen suchen Höhlen in ihren Stämmen.

Mit Menschen ist es ähnlich wie mit diesen Bäumen: Wir bemühen uns, aufrecht zu bleiben, aber das gelingt niemandem. Wir biegen und beugen uns und haben eine raue Rinde. Manchmal ist unser Stamm mit Moos bewachsen. Manche unserer Äste sind schwer. Wir sind eine Ansammlung von krummem Holz. Aber das ist in Ordnung.

Unser gebeugtes Dasein verleiht unserem Leben erst eine besondere Schönheit.

Also, genießen Sie die Gesellschaft von krummholzigen Menschen. Seien Sie etwas nachsichtig mit ihnen. Entspannen Sie sich. Regen Sie sich weniger über ihre Eigenheiten auf, und seien Sie geduldig mit den Menschen, die welche haben.

Trotz all der seltsamen Zeitgenossen ist diese Welt doch ein wunderbarer Ort.

Je eher wir ihre Schönheit entdecken, desto glücklicher werden wir.

Kapitel 4

Der wunderbare Klang der zweiten Geige

... achtet die anderen höher als euch selbst.
Philipper 2,3

Es war ein ganz besonderer Tag in der Familie Lucado, als wir ein Klavier kauften. Denalyn macht sehr gern Musik, und wir wollten, dass unsere Töchter diese Leidenschaft teilen.

Jenna war damals fünf, Andrea drei, und Sara war gerade erst zur Welt gekommen. Sie waren noch zu klein, um die Tasten zu beherrschen, aber nicht zu klein, um ihrem Papa etwas vorzuspielen. Und genau das taten sie. Fast jeden Abend. Vielleicht war es aber auch nur ein Trick, um noch nicht ins Bett zu müssen. Falls ja, dann hat er jedenfalls funktioniert. „Papa, darf ich dir ein Lied vorspielen?" Welcher Vater kann zu dieser Einladung schon Nein sagen?

„Ich auch, Papa. Darf ich dir auch was auf dem Klavier vorspielen?"

„Natürlich", sagte ich. Die Szene wiederholte sich immer wieder. Ein kleines Mädchen saß im Schlafanzug auf dem Klavierstuhl, Haare noch feucht vom Baden, hämmerte mehr auf den Tasten herum, als dass sie spielte. Wenn sie fertig war, sprang sie vom Stuhl und verneigte sich. Ich applaudierte. Denalyn applaudierte. Jetzt kam die zweite Schwester an die Reihe. Die Szene wiederholte sich. Es war ein Vergnügen ... jedenfalls an den meisten Abenden ... abgesehen von den Streitereien. (Tut mir leid, Jenna und Andrea, aber davon gab es einige.)

Nach Andreas Meinung spielte Jenna zu lange. Andrea kletterte dann neben Jenna auf das kleine Bänkchen und schob sie langsam zur Seite. Oder Andrea verspielte sich, und Jenna bestand darauf, ihr zu zeigen, wie es richtig ging. Andrea wollte aber keine Hilfe. Also kam es zum Streit.

„Aber sie spielt nicht richtig, Papa!"

„Aber ich bin jetzt dran, Papa!"

„Aber ...!"

Es gab eine Sache, die sie nicht verstanden, und deshalb versuchte ich, es ihnen zu erklären: Papa bewertete ihr Lied nicht. Sie mussten ihren Papa nicht beeindrucken. Ihr Papa brauchte keine Vorführung, keine Präsentation, keinen Wettbewerb. Ihr Papa genoss es einfach, Zeit mit seinen Mädchen zu verbringen. Der Wettbewerb und das ständige Vergleichen verwandelten meine kleinen Lieblinge in Furien. „Warum können wir nicht einfach nur etwas Zeit miteinander verbringen?", fragte ich.

Genau das Gleiche hat Jesus auch einmal zu zwei Schwestern gesagt. In ihrem Haus drohte der Wettstreit einen schönen Abend zu ruinieren.

Auf ihrem Weg nach Jerusalem kamen Jesus und die Jünger auch in ein Dorf, in dem eine Frau mit Namen Marta sie in ihr Haus einlud.

Ihre Schwester Maria saß Jesus zu Füßen und hörte ihm aufmerksam zu. Marta dagegen mühte sich mit der Bewirtung der Gäste. Sie kam zu Jesus und sagte: „Herr, ist es nicht ungerecht, dass meine Schwester hier sitzt, während ich die ganze Arbeit tue? Sag ihr, sie soll kommen und mir helfen."

Doch der Herr sagte zu ihr: „Meine liebe Marta, du sorgst dich um so viele Kleinigkeiten! Im Grunde ist doch nur eines wirklich wichtig. Maria hat erkannt, was das ist – und ich werde es ihr nicht nehmen" (Lukas 10,38–42).

Im ersten Satz hat der Evangelist Lukas bereits einige Hinweise auf Martas Persönlichkeit versteckt: „... in dem eine Frau mit Namen Marta sie in ihr Haus einlud."

Marta war das Ein-Mann-Empfangskomitee. Nicht Marta und Maria. Auch nicht Marta und Maria und Lazarus. Nur Marta.

Ich kann vor mir sehen, wie sie in der Tür steht und Jesus in „ihr" Haus bittet. Lazarus lebt auch dort. Und Maria ebenfalls. Aber es ist Martas Reich.

Und das ist Martas großer Augenblick. Mit weit ausgebreiteten Armen sagt sie: „Komm doch rein!" Es ist ein großer Tag und deshalb plant Marta ein großes Essen (Vers 40).

Sie führt Jesus ins Wohnzimmer und bietet ihm einen Platz an. Sie lädt seine Freunde ein, es sich bequem zu machen. Jesus lässt sich nieder, und Marta will sich auch gerade setzen, als sie ein Geräusch aus der Küche hört.

Kling, kling. Die Suppe ist fertig. Die Karotten-Ingwer-Suppe, die ihre Namensvetterin in der *Martha Stewart Show* gekocht hat. Marta (ohne h) erinnert sich daran, dass Martha (mit h) ausdrücklich davor gewarnt hat, dass die Suppe nicht zu heiß sein und nicht zu lange stehen darf.

„Entschuldige mich, Jesus", sagt sie. „Ich muss mal nach der Suppe schauen."

Sie eilt in die Küche, schnappt sich ihre Schürze vom Haken und bindet sie sich um. Sie schiebt den Topf von der Platte, taucht den Holzlöffel hinein und probiert. Sie verschluckt sich fast. Sie schmeckt so fade wie Wasser. Da fällt ihr ein, dass sie den Ingwer vergessen hat! Martha (mit h) hatte extra in die Kamera geschaut und daran erinnert: „Vergessen Sie den Ingwer nicht." Und was hatte Marta (ohne h) vergessen? Den Ingwer. Sie öffnet die Durchreiche und schaut ins angrenzende Wohnzimmer. Die Jünger unterhalten sich und lachen.

„Es wird etwas später mit dem Essen!", verkündet sie.

Jesus schaut auf und meint: „Kein Problem."

Marta macht sich fieberhaft daran, mehr Suppe zu kochen. Den Gang mit der Suppe einfach auszulassen kommt überhaupt nicht infrage. Es soll doch ein „großes Essen" sein. In ihrem Kopf hat sie den Abend genau durchgeplant. Sie wird Jesus Suppe servieren. Die Jünger werden zuschauen. Und im Himmel werden alle innehalten, während Jesus sich vor Lob fast überschlagen wird. „Diese Suppe ist köstlich", wird er sagen. „Göttlich! Himmlisch! Wie für Engelszungen gemacht!"

Marta würde erröten und so tun, als winke sie ab. „Ach, Jesus, das ist doch nichts Besonderes. Das habe ich eben mal schnell zusammengerührt." Inzwischen wird sich eine Menschenmenge im Vorgarten versammelt haben. Vielleicht kommen auch ein oder zwei Übertragungswagen. Die Neuigkeiten werden sich die Straße rauf und runter verbreiten. „Jesus ist in Martas Haus und ihm schmeckt Martas Suppe."

Natürlich wird nichts von alledem geschehen, wenn Marta keine Suppe serviert. Also schmeißt sie den Herd noch einmal an.

Dann sieht sie nach dem Hackbraten. Er muss zwei Mal beträufelt werden, einmal mit Tomatensoße und einmal mit Honig. Es wird Zeit, ihn das zweite Mal zu beträufeln. Sie stellt den Braten auf die Arbeitsfläche. Als sie den Schrank öffnet, um den Honig rauszuholen, sieht sie den Krug mit Pfefferminztee auf dem Tresen. Wie schrecklich! „Ich habe vergessen, den Pfefferminztee zu servieren!" Was für eine schlechte Gastgeberin sie nur ist! Sie schnappt sich ein Tablett, füllt Eiswürfel in die Gläser und stürmt durch die Schwingtür.

Jesus ist bestimmt schon verärgert, weil er durstig ist. Sie rechnet damit, dass er ihr einen bösen Blick zuwirft, auf die Uhr schaut und die Stirn runzelt. Aber er ist nicht verärgert. Er sitzt auf der Stuhlkante und erzählt eine Geschichte. Sein Blick wandert hin und her. Er gestikuliert. Die Jünger lächeln, als er einen jüdischen Jungen beschreibt, der Schweine füttert.

Und direkt vor ihm sitzt ihre kleine Schwester Maria mit übereinandergeschlagenen Beinen auf dem Boden.

„Schweine?", fragt Maria.

„Ja, Schweine!", erwidert Jesus.

Marta kommt mit dem Tee und einer Entschuldigung herein. „Es tut mir so leid. Ich hatte den Tee ganz vergessen. Du musst mich für eine schreckliche Gastgeberin halten. Aber ich habe den Ingwer vergessen und musste die Suppe noch einmal kochen. Und der Hackbraten ... auwei, der Hackbraten!"

Sie stellt das Tablett auf den Tisch und eilt zurück in die Küche. Sie klatscht die Soße auf den Braten. „Gerade noch rechtzeitig", sagt sie, als sie ihn wieder in den Ofen schiebt.

Sie nimmt das Brett und fängt an, Gemüse zu schneiden. Durch die offene Durchreiche sieht sie Maria bei Jesus. Ihre Schwester lacht. Jesus schickt sich an, eine weitere Geschichte zu erzählen. Und da dämmert es Marta. *Warum hilft Maria mir eigentlich nicht?* Maria hätte die Karotten schneiden oder den Sellerie waschen können. Sie könnte definitiv irgendetwas tun.

Marta dreht die Herdplatte mit der Suppe heißer. Und sie spürt, wie es auch in ihr langsam zu kochen beginnt. Merkt ihre Schwester denn nicht, dass es etwas zu tun gibt? Das Besteck ist immer noch in der Schublade. Die Gläser sind immer noch im Schrank.

Marta seufzt hörbar. Sie trägt einen Stapel Teller ins Esszimmer und stellt ihn mit einem lauten Krachen auf den Tisch. Keine Reaktion. Sie spürt, wie sich ihr Kiefer anspannt, als sie in die Küche zurückgeht, um die Suppe umzurühren.

Wenige Sekunden später kehrt sie, immer noch mit dem Kochlöffel in der Hand, ins Wohnzimmer zurück und schlägt damit wütend in ihre Hand. „Herr, ist es nicht ungerecht, dass meine Schwester hier sitzt, während ich die ganze Arbeit tue? Sag ihr, sie soll kommen und mir helfen", verlangt sie (Vers 40).

Alle Gespräche verstummen.

Ein Dutzend Augenpaare richtet sich auf sie.

Maria sieht zu Boden.

Jesus sieht auf.

Marta steht mit errötetem Gesicht und vor Ärger gerunzelter Stirn da. Ihre Worte schweben in der Luft, als habe jemand mit dem Fingernagel über die Tafel gekratzt.

Was war nur mit der gastfreundlichen Marta passiert? Lukas verrät es uns: „Marta dagegen mühte sich mit der Bewirtung der Gäste" (Vers 40). Sie hatte große Pläne und wollte einen guten Eindruck hinterlassen. Sie sorgte sich „um so viele Kleinigkeiten!" (Vers 41).

Ist das nicht die Ironie schlechthin? Marta war in der Gegenwart des Friedefürsten und doch war sie die Unruhe in Person.

Was war passiert? Welche Lektion lernen wir aus Martas Ausbruch? Dass es Sünde ist zu kochen? Dass Gastfreundschaft ein Werkzeug des Teufels ist? Nein. In der Bibel spielen Feiern und Festessen eine große Rolle. Dass es falsch von Marta war zu erwarten, dass Maria ihr helfen sollte? Natürlich nicht.

Martas Stolperstein war nicht ihre Arbeit oder ihre Bitte – es war ihre Motivation. Ich werde das Gefühl nicht los, dass sie Jesus nicht dienen, sondern etwas für ihn leisten wollte. Sie bereitete keine Mahlzeit für ihn vor, sondern machte viel Aufhebens um ihren Dienst. Sie war auf die subtilste aller Lügen hereingefallen: Selbstdarstellung.

Bei Selbstdarstellung geht es nur um das eigene Ich: „Sieh nur, was ich geleistet habe. Sieh nur, was ich gemacht habe."

Selbstdarstellung lässt wenig Raum für andere: „Sie sitzt nur da."

Selbstdarstellung kommandiert sogar Jesus herum: „Sag ihr, sie soll mir helfen."

Kein schöner Anblick.

Kein angenehmer Zeitgenosse.

Mit welcher der beiden Schwestern in dieser Geschichte würden Sie lieber zusammen sein: mit Marta oder mit Maria?

Das ist eine wichtige Frage. Gibt es auch unter uns eine Marta? Steckt ein wenig Marta in uns? Führt unser Dienst für Jesus manchmal dazu, dass wir mürrisch und schlecht gelaunt sind?

Hannah Withall Smith, die Autorin von *The Christian's Secret of a Holy Life*, wurde in einer Familie groß, in der man treu in die Kirche ging. Jahre bevor sie selbst zum Glauben fand, hielt sie ihre Wahrnehmung von Christen einmal in ihrem Tagebuch fest.

Manche vermitteln fast den Eindruck, als sei es eine Sünde, zu lächeln oder etwas Nettes zu sagen. Ich dachte, Religion solle die Menschen glücklich und nicht unglücklich und übellaunig machen ...

Statt einer fröhlichen Stimme vernimmt man ein lang gezogenes, schleppendes, melancholisches Murmeln ... statt Liebe und Besorgnis um die, die den Weg des Lebens noch nicht gefunden haben. Man bemerkt eine kühle Hochnäsigkeit, ein Gefühl von „Ich bin etwas Besseres" – was selbst die kleinste

Offenheit wirksam verhindert ... Statt gewinnender Freundlichkeit und Liebenswürdigkeit für die Menschen in ihrem Umfeld bemerkt man nur eine Art versteckter Barschheit und ein ständiges Vergleichen mit den anderen, gefolgt von einer unangenehmen Herrschsucht. Ich hatte mir die Religion immer großmütig, schön, demütig, weitherzig und fröhlich ausgemalt, doch stattdessen erlebe ich nur eine, die verärgert, düster, stolz, fanatisch und engstirnig ist.[1]

Vielleicht war Hannah ja einigen Martas begegnet. Wer nur deshalb dient, um sich aufzuspielen, begibt sich auf dünnes Eis. Was mit dem Wunsch beginnt, Jesus zu dienen, verwandelt sich in den Versuch, Menschen zu beeindrucken. Wo das geschieht, wird aus einer begabten Marta eine unglückliche, mürrische Person. Wenn Ihr Glück von der Anerkennung und dem Applaus anderer abhängt, ist es ausgesprochen brüchig, da es auf der wankelmütigen Meinung anderer basiert. Wird man wahrgenommen, stolziert man umher. Bleibt man unbemerkt, sinkt die Laune.

Die sozialen Netzwerke üben heute eine große Anziehung auf die Menschen aus, was dem Streben nach Anerkennung ganz neue Möglichkeiten eröffnet: Wir messen Erfolg daran, wie viele Likes wir kriegen, wie oft die eigenen Beiträge geteilt werden, wie viele „Freunde" und „Follower" wir haben. Unser Selbstbewusstsein steht und fällt mit der Willkür der Klicks und Facebook-Beiträge. Soziale Netzwerke bedeuten sozialer Vergleich hoch zehn! Ist es wirklich sinnvoll, unsere Freude von den unvorhersehbaren Reaktionen und Kommentaren von Menschen abhängig zu machen, die wir vielleicht nicht einmal kennen?

Aber die Marta in uns ist nicht leicht zum Schweigen zu bringen. Erst vor Kurzem hat sie sich bei mir gezeigt. In unserer Stadt fand eine christliche Konferenz statt. Einer der Hauptredner hatte in letzter Minute noch abgesagt. Die Organisatoren riefen mich an. Ob ich wohl einspringen könnte?

Ich muss gestehen, dass mir zuerst *Ich soll für jemanden einspringen?!* durch den Kopf ging. *Ich bin also eure zweite Wahl? Euer Plan B? Eure Notlösung?* Ich lehnte das Angebot ab. Meine Reaktion war egoistisch, und mir wird schlecht, wenn ich daran zurückdenke.

Halten wir fest: Wenn der Dienst nur die eigene Eitelkeit befriedigen soll, kommt nichts Gutes dabei heraus. Marta wird zickig. Max wird aufgeblasen. Und keiner dient Jesus. Kein Wunder, dass Paulus betont hat: „Seid nicht selbstsüchtig; strebt nicht danach, einen guten Eindruck auf andere zu machen ..." (Philipper 2,3).

Ich bin nicht Gottes bester Spieler.

Sie sind nicht Gottes VIP.

Wir sind nicht Gottes Geschenk an die Menschheit. Er liebt uns und lebt in uns und hat große Pläne für uns. Gott kann jeden von uns gebrauchen, aber er ist auf keinen von uns angewiesen. Wir sind wertvoll, aber nicht unersetzlich.

Darf sich die Axt gegenüber dem rühmen, der sie schwingt? Kann sich die Säge dem gegenüber überlegen fühlen, der sie führt? Sucht sich der Stock den Wanderer aus? (Jesaja 10,15).

Wir sind die Axt, die Säge und der Stock. Wenn Gott uns nicht in der Hand hält und einsetzt, können wir gar nichts tun.

Nichts. *„Wichtig ist nicht der, der pflanzt oder bewässert, wichtig ist Gott, denn er lässt den Samen wachsen"* (1. Korinther 3,7; Hervorhebung des Autors).

Gibt es eine Gabe, die Sie einsetzen und die Sie *nicht* von ihm bekommen haben? Vermitteln Sie anderen eine geistliche Wahrheit, die er Sie *nicht zuerst* gelehrt hat? Sie begegnen anderen mit Liebe und Zuneigung – aber wer hat Sie zuerst geliebt? Sie dienen anderen – aber wer hat Ihnen am meisten gedient? Was tun Sie für Gott, das Gott nicht auch ohne Sie tun kann?

Ist es nicht ein Zeichen seiner Freundlichkeit, dass er uns gebraucht und einsetzt?

Es wäre daher klug, sich an Paulus' Heilmittel gegen Eigenlob zu erinnern, das uns nur unsere Freude raubt: *„… seid bescheiden und achtet die anderen höher als euch selbst"* (Philipper 2,3).

Als Jesus die folgenden Anweisungen gab, hat er bestimmt gelächelt:

„Wenn du zu einem Hochzeitsfest eingeladen bist, strebe nicht nach dem besten Platz. Denn was ist, wenn jemand eingeladen wurde, der angesehener ist als du? Der Gastgeber wird sagen: ‚Lass diesen Mann hier Platz nehmen.' Und dann musst du beschämt aufstehen und zum letzten Platz gehen, der übrig geblieben ist! Setz dich stattdessen zunächst ans untere Tischende. Wenn dein Gastgeber dich dann sieht, wird er kommen und sagen: ‚Freund, wir haben aber einen besseren Platz für dich!' So wirst du vor allen anderen Gästen geehrt werden" (Lukas 14,8–10).

Freuen dürfen sich diejenigen, die meinen, etwas nicht verdient zu haben! Mit dem Beifall der anderen rechnen nur die Dummen! Tun Sie sich selbst einen Gefallen und rechnen Sie mit nichts. Wenn man Sie oder Ihre Leistung dann wirklich nicht bemerkt, sind Sie davon nicht überrascht. Doch wenn Sie die Aufmerksamkeit der anderen bekommen, haben Sie Grund, sich zu freuen.

Hier eine hilfreiche Übung, mit der Sie lernen können, Ihren Blick nicht immer auf sich selbst, sondern auf andere zu richten: Freuen Sie sich während der nächsten 24 Stunden einmal bewusst über all das Gute, das anderen widerfährt. Halten Sie es in einer Liste fest. Trainieren Sie gezielt Ihre „Sind andere Menschen glücklich, dann freut euch mit ihnen"-Muskeln (Römer 12,15). Wenn Sie bemerken, dass jemand etwas Gutes tut, oder wenn dieser Person etwas Gutes widerfährt, dann jubeln Sie – wenn nicht laut, dann wenigstens im Stillen. Werfen Sie sprichwörtlich ein wenig Konfetti. Können Sie sich vorstellen, wie sehr Sie sich freuen werden?

Sie werden die Leute, die im Süden leben, nicht länger um das gute Wetter beneiden, sondern mit ihnen die Sonnentage feiern. Die Beförderung Ihrer Kollegin wird in Ihnen nicht Missgunst auslösen, sondern Freude. Wenn Sie eine wissbegierige Maria sehen, wird Sie das nicht in eine mürrische Marta verwandeln. Ganz im Gegenteil. Sie werden Gott dafür danken, dass diese Person geistlichen Dingen so viel Aufmerksamkeit widmet.

Ich wage zu behaupten, dass Sie letzten Endes fröhlich pfeifend durchs Leben gehen werden.

Wenn Sie sich selbst zu wichtig nehmen, sollten Sie sich

auf einen Tag voller Enttäuschungen gefasst machen. Wenn Sie andere wichtig nehmen, dürfen Sie mit einem Feier-Tag rechnen. Wenn Sie den Erfolg anderer wichtiger nehmen als Ihren eigenen, werden Sie aus dem Sich-Freuen gar nicht mehr herauskommen.

Drei Engel bemerkten einmal einen gottesfürchtigen Mann. Er tat so vielen Menschen so viel Gutes, dass die Engel mit einer Bitte zu Gott kamen: „Dieser Mann hat eine ganz besondere Gabe verdient. Er ist so selbstlos. Er hilft immer anderen. Wir sollten ihn belohnen."

„Womit denn?", fragte Gott.

„Mit der Gabe der Redegewandtheit", schlug ein Engel vor.

„Mit der Gabe der Weisheit", meinte der zweite.

„Oder mit der Gabe der Leitung", warf der dritte Engel ein.

„Warum fragt ihr ihn denn nicht, was er möchte?", schlug Gott vor.

Die Engel willigten ein und gingen zu dem Mann. „Wir möchten dir gern eine Gabe schenken."

Der Mann schwieg.

„Jede Gabe, die du gern möchtest", erklärten die Engel ihm.

„Möchtest du gern die Gabe der Redegewandtheit haben, damit du predigen kannst?"

„Wir können dir auch Weisheit schenken, damit du Menschen mit deinen Ratschlägen zur Seite stehen kannst."

„Oder wir schenken dir die Gabe der Leitung, damit du den Menschen die richtige Richtung weisen kannst."

Der Mann sah die Engel an und fragte: „Ich kann jede Gabe haben, die ich möchte?"

„Ja."

„Gleichgültig, welche?"

„Ja."

„Dann weiß ich, was ich will."

„Sag es uns und sie gehört dir."

„Ich will Gutes tun und nicht wissen, dass ich es getan habe."

Von diesem Tag an ereigneten sich überall dort, wo der Schatten des Mannes hinfiel, gute Dinge. Pflanzen wuchsen. Menschen lachten. Die Kranken wurden gesund. Händler waren erfolgreich. Und der Mann lächelte, völlig unbelastet von dem Wissen um seinen Erfolg.

Glücklich ist der Christ, der seinen Blick auf andere richtet.

Unglücklich ist der Christ, der seinen Blick nur auf sich selbst richtet.

Wenn Ihr Wunsch, Beachtung zu finden, dazu führt, dass Sie unglücklich sind, können Sie darauf wetten, dass es anderen genauso geht. Versuchen Sie nicht länger, eine Marta zu sein. Besinnen Sie sich wieder auf das Wesentliche. Wenn Sie ein Lied auf dem Klavier spielen können, dann spielen Sie es um Himmels willen. Aber spielen Sie es, um Ihm zu gefallen. Sie werden erstaunt sein, wie friedlich der Abend sein wird.

Kapitel 5

Die hohe Kunst des Grüßens

Grüßt einander in Liebe.
Römer 16,16

Der Chef hatte genug. Er hatte mehr ertragen, als ein Geschäftsführer ertragen sollte, beschloss er. Er hatte *endgültig genug*. Das Maß war voll! *Jetzt reicht's!*, entschied er und schrieb seinen Mitarbeitern einen zweieinhalb Seiten langen Brief, der mit den folgenden Worten begann:

Ich nehme mir einen Monat frei. ... Ich weiß nicht, wohin ich gehen oder was ich tun werde, aber ich werde nicht ins Büro kommen.

Er ist nicht der erste leitende Mitarbeiter, der am liebsten allem den Rücken kehren und das Chaos hinter sich lassen würde. Dass er frustriert war, war nichts Besonderes. Aber was seinen Ärger ausgelöst hatte, ist erwähnenswert.

Hier hat sich die Unsitte breitgemacht, dass die Mitarbeiterinnen und Mitarbeiter einander nicht länger respektieren, und damit ist es jetzt endgültig vorbei. Ich habe den Punkt erreicht, an dem ich mich nicht traue, mein Büro zu verlassen, weil ich fürchte, dass die Leute ihrem Unmut sofort Luft machen werden. Ich habe es in den vergangenen Monaten nicht einmal gewagt, selbst Urlaub zu machen.

Wenn die Mitarbeiter nicht endlich anfangen, einander mit Respekt, Würde und Höflichkeit zu begegnen, werde ich kündigen. Ich habe zu lange und zu hart gearbeitet, um mitanzusehen, wie dieses Unternehmen zugrunde geht. Bevor ich das zulasse, ziehe ich mich lieber daraus zurück.

Sie werden einander ab sofort respektvoll behandeln oder ich werden gehen.

Wenn ich wieder zurück bin, werde ich mich bei einigen Mitarbeitern erkundigen, ob sie in meiner Abwesenheit mit mehr Respekt behandelt wurden. Wenn ja, werde ich die Ärmel hochkrempeln und mich wieder an die Arbeit machen. Wenn sich jedoch nichts verändert hat, werde ich diesem Unternehmen den Rücken kehren.

Der frustrierte Chef ging sogar so weit, dass er seinen Mitarbeiterinnen und Mitarbeitern konkrete Anweisungen hinterließ, die sie während seiner 30-tägigen Abwesenheit befolgen sollten. Darunter befand sich auch folgende Vorgabe: „Sagen Sie Guten Morgen. So schwer ist das nicht."

Nicht die wirtschaftliche Lage raubte ihm die Kraft. Nicht die langen Arbeitszeiten oder der Wettbewerb machten den Unternehmenschef müde. Es war die vergiftete Atmosphäre am Arbeitsplatz. Seine Firma war in der Holzindustrie tätig. Viele seiner Angestellten hatten beruflichen Kontakt mit den Arbeitern am örtlichen Ladedock, und der raue Tonfall unter den Hafenarbeitern und Schiffskapitänen hatte den respektvollen Umgang in seinem Unternehmen ebenfalls negativ beeinflusst.

Der Chef hielt Wort. Er blieb seinem Unternehmen einen ganzen Monat lang fern. Und während seiner Abwesenheit veränderte sich die Atmosphäre. Die Mitarbeiter lernten zu verstehen, was es heißt, *rücksichtsvoll* miteinander umzugehen. Der raue Tonfall der Männer wandelte sich und ein freundlicherer, rücksichtsvollerer Umgang hielt Einzug. Sein Ultimatum hatte die gewünschte Wirkung.[1]

Vielleicht müssen wir auch unserer Gesellschaft ein Ultimatum stellen. All diese Ausbrüche, zu denen es unter den Menschen immer wieder kommt: im Straßenverkehr, im Flieger, am Telefon, an der Supermarktkasse, in den sozialen Netzwerken, am Spielfeldrand, auf dem Parkplatz und selbst wenn jemand zu langsam die Straße überquert.

Die sozialen Netzwerke verleihen dieser Aggressivität eine neue Dimension. Was als Online-Geplänkel beginnt, hinterlässt Verletzungen und Narben. Im Internet trauen wir uns, Worte zu schreiben, die wir nie jemandem ins Gesicht sagen würden. Unsere Unhöflichkeit hat ein Maß erreicht, wo wir das Schild, das ich einmal in einer Arztpraxis gesehen habe, nachvollziehen können: „Wenn Sie schlecht gelaunt, unhöflich, ungeduldig oder rücksichtslos sind, werden wir 10 Dollar extra verlangen als Entschädigung dafür, dass wir uns mit Ihnen abgeben müssen."

Ja, eine Gebühr für schlechte Umgangsformen – das wäre doch mal eine Idee. Aber vielleicht ist das, was der Apostel

Paulus vorschlägt, praktikabler: „Grüßt einander in Liebe" (Römer 16,16).

Anderen Gemeinden gab Paulus die gleichen Anweisungen. Auch den Korinthern schrieb er zweimal: „Grüßt einander in Liebe!" (1. Korinther 16,20 und 2. Korinther 13,12) und den Thessalonichern ebenfalls (1. Thessalonicher 5,26).

Petrus hielt auch die Flagge der Freundlichkeit hoch. „Grüßt einander in Liebe", heißt es bei ihm ebenfalls (1. Petrus 5,14).

Diese Stellen überlesen wir gern, vor allem die Ermahnung an die Gemeinde in Rom. Paulus hatte seine Leser gerade 15 Kapitel lang durch den Urwald christlicher Lehre geführt: Errettung aus Glauben, Heiligung, Standhaftigkeit der Gläubigen, Prädestination und Auserwähltsein. Und in Kapitel 16 greift er dann ganz unerwartet und seltsamerweise das Thema der freundlichen Begrüßung auf. Zwischen lauter mächtigen Eichen und Buchen taucht dieses Gebot plötzlich wie ein kleiner Schössling auf.

Warum macht Paulus eine große Sache daraus? Warum sollen wir so darauf achten, einander zu begrüßen?

Aus Respekt. Respekt bedeutet, dass man Rücksicht auf die Situation des anderen nimmt. Aus Respekt geht man auf den neuen Mitschüler zu und sagt: „Guten Morgen." Respekt verbietet es uns, durch den Supermarkt zu hetzen und für die Kassiererin nicht einmal ein „Guten Tag" übrigzuhaben. Aus Respekt nimmt man den Kopfhörer ab und grüßt den Mitreisenden. Aus Respekt nimmt man den Hut ab, um den Mitbewerber zu grüßen, und aus Respekt bemühen wir uns, neue Besucher in der Gemeinde willkommen zu heißen.

Unsere Mitmenschen zu grüßen ist einfach. Aber es macht viel aus.

Der britische Minister J. H. Jowett erzählte einmal die Geschichte eines Straftäters, der aus der Ortschaft Darlington im Nordosten Englands stammte. Er war nach drei Jahren Haft gerade entlassen worden, als er auf der Straße dem Bürgermeister des Ortes begegnete. Da er erwartete, dass die Bewohner der Stadt ihm nur Ablehnung entgegenbringen würden, wusste er nicht, wie er reagieren sollte, als der Bürgermeister seinen Hut lüftete und ihn mit einem fröhlichen „Hallo! Schön, Sie zu sehen! Wie geht's?" begrüßte.

Der entlassene Häftling murmelte eine Erwiderung und ging weiter. Der Bürgermeister machte sich nicht weiter Gedanken darüber – bis sich die beiden Jahre später zufällig einmal in einer anderen Stadt über den Weg liefen. Der Bürgermeister erinnerte sich nicht mehr an den Mann, aber dieser hatte den Bürgermeister nie vergessen. Er sagte: „Ich möchte Ihnen für das danken, was Sie für mich getan haben, nachdem ich aus dem Gefängnis entlassen worden war."

„Was habe ich denn getan?"

„Sie waren freundlich zu mir, und das hat mein Leben verändert!"[2]

Was für Sie nur eine Kleinigkeit ist, kann für einen anderen eine große Sache sein.

Eine Begrüßung ist im tiefsten Sinne eine Geste des guten Willens. Ob es nun ein kulturell angemessener Kuss auf die Wange ist, wie in manchen südeuropäischen Ländern üblich, eine Verbeugung wie in Asien, ein *abrazos y besos* (eine Umarmung mit Kuss) wie in den lateinamerikanischen Ländern oder ein warmer Händedruck wie in unseren westlichen Kulturen – eine Begrüßung ist eine selbstlose Geste.

Der erste Nutznießer einer Begrüßung ist der Begrüßende. Ich warte noch auf den Autoaufkleber, auf dem steht: „Umarmen macht glücklich." Zu diesem Schluss sind nämlich Wissenschaftler von der Universität Pennsylvania gekommen. Die Studenten wurden im Rahmen einer Untersuchung in zwei Gruppen eingeteilt: in Leser und Umarmer. Die Umarmer sollten in den folgenden vier Wochen täglich mindestens fünf Personen umarmen bzw. sich von fünf Personen umarmen lassen. Im gleichen Zeitraum sollten die Leser festhalten, wie viele Stunden sie täglich lasen. Es ist wohl keine Überraschung, dass die Umarmer auf der Skala der Glücksgefühle besser abschnitten. (Pst! Nicht den Kindern in der Bücherei verraten.) Die Umarmungen hatten das Freudengefühl der Teilnehmer sehr gesteigert.[3] Eine ähnliche Studie stellte einen Bezug zwischen Umarmungen und einem niedrigeren Krankheitsstand her. Je häufiger sich die Menschen umarmten, desto geringer war die Wahrscheinlichkeit, krank zu werden.[4]

Grüßen Sie die Menschen – es ist zu Ihrem eigenen Vorteil.

Grüßen Sie die Menschen – es ist zu ihrem Vorteil. Wer nicht begrüßt wird, wird niemals auf den Gedanken kommen: *Er hat mich ignoriert, weil er mich liebt.* Ganz im Gegenteil. Unsicherheit ist oft die unglückselige Folge des Schweigens. (Jeder, der schon einmal auf einer Party war, wo er nicht zur Kenntnis genommen und nicht begrüßt wurde, kennt dieses Gefühl der Einsamkeit.)

Gestern Abend haben Denalyn und ich uns mit drei anderen Ehepaaren bei einem von ihnen zum Abendessen getroffen. Wir sind seit Jahrzehnten befreundet. Wir waren schon zusammen im Urlaub, haben zusammen gespielt und unsere Kinder großgezogen.

Als wir beim Essen saßen, betrat der älteste Sohn der Gastgeber den Raum. Er hat eine schwere Zeit hinter sich – nach einer Scheidung kämpfte er nun mit Depressionen. Als er hereinkam, erhoben wir uns, um ihn zu begrüßen, und zwar nicht, weil er schwere Zeiten durchgemacht hatte, sondern einfach, weil er ein guter Freund von uns allen ist.

Wir unterhielten uns und lachten über so manche Geschichte. Er erzählte von den Mädchen, die es lustig finden, dass ein Junggeselle zwei Katzen hat. Es war nett und sehr unterhaltsam. Aber nicht besonders denkwürdig. Jedenfalls nicht für mich. Wenig später schickte er seiner Mutter die folgende Nachricht aufs Handy:

Danke noch mal für den heutigen Abend ... Ich habe noch nie so viel Liebe gespürt, wenn ich einen Raum betreten habe ... Es war schon ein bisschen verrückt ... Es hat sich irgendwie geistlich angefühlt ... Es war so, als würde ich im Himmel begrüßt oder so ähnlich. Das war echt stark ... Es war so, als wäre ich von einem Augenblick auf den anderen von einer bedingungslosen Liebe umgeben gewesen, und das hat mir einen Frieden geschenkt, wie ich ihn noch nie zuvor erlebt habe. Ich glaube, daran werde ich mich immer erinnern.

Man weiß eben nie, was passiert. Wir wissen nie, welche freundliche Geste das Herz eines anderen berührt. Vielleicht fordert Paulus uns deshalb auf, die anderen in Liebe zu grüßen. Er hat nicht gesagt: „Grüßt diejenigen, die ihr mögt." Oder: „Grüßt diejenigen, die ihr kennt." Oder: „Grüßt diejenigen, die ihr kennenlernen wollt." Er hat einfach nur gesagt: „Grüßt einander in Liebe."

Paulus rief die Empfänger seines Briefes nicht nur dazu auf, allen mit unvoreingenommener Freundlichkeit zu begegnen, er lebte es ihnen auch vor: In den 13 vorangegangenen Versen hatte er mit seiner Feder das getan, was er gern persönlich getan hätte: Er ging in Gedanken jeden Einzelnen durch und grüßte alle freundlich (Römer 16,3–16). Er grüßte 26 Menschen mit Namen und in manchen Fällen sogar ihre Familie. Auf seiner Liste standen unter anderem:

- Epänetus, der erste Gläubige in der Provinz Asien;
- Maria, die sich so engagiert für die Gemeinde eingesetzt hat;
- Ampliatus, Urbanus, Hermes, Philologus, Julia – Namen, die man häufig bei Sklaven fand;[5]
- Aristobul, vermutlich der Bruder von Agrippa I. und Enkel von Herodes dem Großen;[6]
- Narzissus, der Sekretär von Kaiser Claudius;[7] und
- Rufus, der vielleicht der Sohn von Simon von Kyrene war, der Mann, der das Kreuz Jesu nach Golgatha getragen hat.[8]

Machen Sie sich doch einmal bewusst, wie umfassend Paulus hier Grüße sendet: Er grüßt Männer und Frauen, Menschen, die in der Provinz Asien lebten, und solche, die in Rom zu Hause waren, Sklaven und Aristokraten. Er grüßte den ersten Gläubigen in der Provinz Asien, aber auch den

Sohn eines bekannten Mannes aus den Evangelien. Paulus ließ niemanden aus. Sein Beispiel motiviert uns, seinem Vorbild zu folgen. Selektives Grüßen ist nicht erlaubt. Nicht wählerisch sein. Jeder grüßt jeden. Eine Hackordnung sorgt gewöhnlich dafür, dass auf Menschen herumgehackt wird und sie gewissermaßen aussortiert werden. Sie und ich haben vielleicht einen Krug Wasser, aber wir wissen nicht, wer Durst hat. Deshalb sollen wir das Wasser allen anbieten.

David Robinson war viele Jahre lang Mitglied unserer Kirchengemeinde. Er war und ist bei uns in San Antonio immer noch ein Idol. David ist 2,16 Meter groß, muskulös und gutaussehend. Während seiner Basketballkarriere gewann er Meisterschaften, olympische Goldmedaillen und Auszeichnungen als „Sportler des Jahres".

Er ging nicht in die Kirche, um die Aufmerksamkeit der Menschen auf sich zu ziehen, aber als er zum ersten Mal unsere Gemeinde betrat, trat genau das ein. Noch während er den Mittelgang auf der Suche nach einem Sitzplatz entlangging, drehten sich alle nach ihm um. Ich hätte meine einleitenden Bemerkungen beinahe unterbrechen müssen.

Etwa zur selben Zeit betrat ein weiterer Besucher unsere Gemeinde – ein Obdachloser von der Straße. Er war das genaue Gegenteil von David: schmächtig, verwahrlost und offensichtlich arm. Da ich von der Kanzel einen besseren Überblick hatte, fiel mir der Gegensatz sofort auf. Die Gemeinde war fasziniert und schier betört von der Anwesenheit des berühmten Basketballspielers. Aber mit Ausnahme einer Person grüßte niemand den Mann von der Straße.

Für diese eine Ausnahme werde ich ewig dankbar sein. Einer unserer Gemeindeältesten, ein warmherziger, freundlicher Mann, stand extra auf, um sich neben den Obdachlosen zu setzen. Ich fragte mich, ob der Obdachlose eine Art Botschaft war, vielleicht sogar ein verkleideter Engel, den Gott geschickt hatte, um zu prüfen, ob wir bereit waren, *alle* seine Kinder aufzunehmen.

Unterschätzen Sie niemals, wie wertvoll eine aufrichtige Begrüßung ist. Jesus hat nur wenige Anweisungen so praxisnah formuliert wie: „Wenn ihr das Haus betretet, grüßt die Bewohner und wünscht ihnen Frieden" (Matthäus 10,12; NGÜ). Geben Sie den Leuten einen festen Händedruck. Suchen Sie Blickkontakt. Seien Sie aufrichtig.

Sie werden in jeder Zusammenkunft von Menschen zwei Typen vorfinden: Die einen vermitteln die Einstellung „Schön, dich zu sehen" und die anderen „Schön, dass du mich siehst". Diese beiden Typen sind nicht schwer voneinander zu unterscheiden.

Zeigen Sie den Menschen, dass Sie sich wirklich für sie interessieren, und rechnen Sie dann mit dem positiven Bumerangeffekt.

Die Kirchenbücher von Sumter County enthalten mehr als einhundert Eintragungen, in denen die Vorgänge, Veränderungen und die Geschichte der Kirchen in der Gegend genau festgehalten werden. Im Juni 1965 findet sich folgender schlichter Eintrag: „Bekanntgabe einer Spende von 178 000 Dollar an die Methodistengemeinde Andersonville von Robert B. Brown, wohnhaft in New Jersey, der von der freundlichen Begrüßung der Gemeinde bei einem einmaligen Besuch einige Jahre zuvor beeindruckt war."[9]

Die Begrüßung durch die Gemeinde bei einem *einmaligen Besuch vor etlichen Jahren* hatte Brown so beeindruckt, dass er eine Spende von New Jersey nach Georgia schickte.

Begrüßen Sie einander um Ihrer selbst willen. Erleben Sie, wie viel Freude es macht, Menschen zu zeigen, dass sie Ihnen wichtig sind.

Begrüßen Sie einander um der anderen willen. Was Ihnen unbedeutend vorkommt, kann für einen anderen eine große Sache sein.

Aber begrüßen Sie einander vor allem um Jesu willen.

Falls Sie Kinder haben: Wie fühlen Sie sich als Eltern, wenn jemand Ihrem Kind Beachtung schenkt? Wissen Sie es nicht auch zu schätzen, wenn ein Lehrer Ihrem Kind seine Unterstützung anbietet oder ein Erwachsener ihm seine Aufmerksamkeit schenkt und ihm so zu verstehen gibt, dass es ihm am Herzen liegt? Ich bin sicher, dass es Jesus genauso geht. Er liebt es, wenn Menschen seinen Kindern zeigen, wie wichtig sie ihnen sind.

Er sagt zu diesem Thema sinngemäß: „Wenn ihr meine Kinder liebt, dann liebt ihr mich." Denken Sie nur an seine Worte: „Ich war ein Fremder, und ihr habt mich in euer Haus eingeladen" (Matthäus 25,35).

Wenn Jesus einen Raum beträte, würden sich vermutlich alle zu ihm umdrehen, und jeder würde sich erheben. Wir würden Schlange stehen, um ihm die Hand zu geben oder seine Füße berühren zu können. Niemand würde sich diese Gelegenheit entgehen lassen, den Messias zu begrüßen.

Doch wenn wir Jesus Glauben schenken, dann haben wir jeden Tag die Gelegenheit, das zu tun. Der nervöse Teenager, der in der letzten Reihe des Klassenzimmers sitzt? Wer ihn begrüßt, begrüßt Jesus. Die alleinerziehende Mutter, die im Büro am Ende des Flurs arbeitet? Wenn Sie ihr das Gefühl vermitteln, willkommen zu sein, vermitteln Sie Jesus das gleiche Gefühl. Die alte Dame im Supermarkt? Wenn Sie ihr die Tür aufhalten, halten Sie Jesus die Tür auf. „Was ihr für einen der Geringsten meiner Brüder und Schwestern getan habt, das habt ihr für mich getan!" (Matthäus 25,40).

Die großartigste Begrüßung aller Zeiten steht uns übrigens noch bevor. Und Sie können sicher sein, dass sie Sie nicht übers Telefon oder per E-Mail erreicht. Die großartigste Begrüßung aller Zeiten wird Jesus aussprechen: „Gut gemacht, mein guter und treuer Diener. Du bist mit diesem kleinen Betrag zuverlässig umgegangen, deshalb will ich dir größere Verantwortung übertragen. Lass uns miteinander feiern!" (Matthäus 25,23).

Kapitel 6

Eine starke Position

... betet füreinander ...
Jakobus 5,16

Abraham und Sara hatten nicht mit Besuch gerechnet, geschweige denn, dass Gott derjenige sein würde, der vorbeikam. Aber eines Nachmittags tauchte er auf, uneingeladen, unangekündigt und in Gestalt eines fremden Mannes. Begleitet wurde er von zwei anderen Männern, zwei Engeln, die Abraham und Sara aber nicht als solche erkennen konnten. In der Bibel wird nicht davon berichtet, wann Abraham aufging, dass er in der Gegenwart Gottes stand, aber es muss wohl recht bald gewesen sein. Der Patriarch rollte sofort den roten Teppich für ihn aus. Er ließ Brot backen, ein Kalb schlachten – er ließ für die drei ein Festmahl bereiten.

Abraham warf Sara einen Blick zu. Wenn die Frage ihnen nicht auf der Zunge lag, so stand sie zumindest in ihren Gesichtern zu lesen: Warum ist Gott hier, und was um alles in der Welt hat er vor? Nach dem Festmahl verließ das himmlische Trio das Lager und ging in Richtung Sodom, der Heimat von Lot, Abrahams Neffen. Abraham begleitete sie ein Stück. Unterwegs blieb Gott stehen und überlegte: „Soll ich wirklich Abraham verheimlichen, was ich vorhabe?" (1. Mose 18,17). „Nein, das werde ich nicht", beschloss er. Und so erzählte er Abraham: „Zahlreiche Klagen über die Einwohner von Sodom und Gomorra sind mir zu Ohren gekommen. Die Anschuldigungen gegen sie sind in der Tat sehr schwer. Ich will nun hingehen und mich davon überzeugen, ob das wahr ist oder nicht" (Verse 20–21).

Abraham stand wie versteinert da. Er wusste, was Gott in Sodom vorfinden würde. Er wusste, welcher Gestank durch die Straßen zog und wie bösartig und schlecht die Bewohner der Stadt waren. Aber er war auch fest davon überzeugt, dass dort einige lebten, die es wert waren, gerettet zu werden. Seine Verwandten lebten doch in der Stadt. Vielleicht war es gerade das, was ihn zu folgender Reaktion trieb: „Aber Abraham blieb stehen vor dem Herrn" (Vers 22; LÜ).

Wie ein einsamer Baum in der Steppe hatte der Vater des Glaubens genug Vertrauen, um sich zwischen die Menschen, die Vergebung brauchten, und denjenigen zu stellen, der diese gewähren konnte. Und er setzte sich für sie ein. „Willst du etwa die Gerechten zusammen mit den Schuldigen töten? Angenommen, es befinden sich 50 Gerechte in der Stadt: Willst du sie dann wirklich töten? Wirst du den Ort dann nicht wegen der 50 Gerechten verschonen?" (Verse 23–24).

Ein mutiger Schachzug. Abraham war nur ein Beduinenhirte. Seine Haare fielen ihm bis auf die Schultern. Sein struppiger Bart bis auf die Brust. Ungepflegt und zerzaust.

Ihm fehlte der eine oder andere Zahn. Dennoch stand er da vor Gott.

Genau wie Sie an jenem Tag vor Gericht oder in jener Nacht in der Notaufnahme. Damals, als Ihr Kollege sich Ihnen anvertraute. „Ich habe es vermasselt", gestand er Ihnen. Und als Sie das taten, was auch Abraham getan hatte: Sie stellten sich zwischen den, der Hilfe brauchte, und den, der diese gewähren konnte.

Sie haben gebetet.

Für Polizisten und Politiker. Für Kinder, die den richtigen Weg aus den Augen verloren haben, und für Pfarrer, die den Weg aus den Augen verloren hatten. Mit einem Gebet haben Sie eine Münze in den Becher des Obdachlosen geworfen. Sie haben Ihrem Kind über den Kopf gestreichelt und dabei gebetet. Sie haben von einer weiteren kriegerischen Auseinandersetzung gelesen, einer weiteren Scheidung oder einem weiteren Skandal gehört, und Sie haben gebetet: *Gott, sei ihnen gnädig.*

Sie haben getan, was Abraham getan hat. Sie haben dort gestanden, wo Abraham gestanden hat – zwischen diesen Menschen und Ihm. Und Sie haben sich gefragt, ob Gott Ihnen wirklich zuhört.

Abrahams Geschichte gibt uns Grund zur Hoffnung.

Er trat mutig vor Gott. Er flehte Gott an, einige Einwohner von Sodom und Gomorra zu verschonen, und sagte: „Ganz sicher würdest du die Gerechten nicht zusammen mit den Schuldigen töten und die einen genauso behandeln wie die anderen! Sollte nicht der Richter der ganzen Welt gerecht handeln?" (1. Mose 18,25).

Bis dahin hatte kein Mensch den Mumm gehabt, Gott

zu bitten, seine Pläne noch einmal zu überdenken. Adam und Eva hatten diesen Mut nicht gehabt. Kain hatte sich beklagt, aber er hatte nicht verhandelt. Auf Metuschelachs Geburtstagstorte brannten irgendwann 969 Kerzen, aber soweit wir wissen, bat er Gott nie darum, sich etwas anders zu überlegen. Auch Noah nicht. Der Erbauer der Arche blieb stumm. Aber Abraham machte den Mund auf. Wir können förmlich hören, wie Sara im nahe gelegenen Zelt schluckte und flüsterte: „Abe, psst. Am Ende müssen wir noch alle sterben!" Sie kauerte sich in die Ecke. Oje, *gleich wird uns der Blitz treffen.*

Aber Gott machte Abraham nicht platt. Er hörte ihm zu.

Gott: „Wenn wir 50 Gerechte finden, lasse ich die Stadt in Ruhe."

Abraham wandte sich ab, hielt dann aber inne und kam noch einmal zurück. „Reichen auch 45?"

Gott lächelte: „Okay, dann 45."

Abraham wandte sich ein weiteres Mal um und rechnete mit seinen Fingern. „Und was ist mit 40?"

Gott: „40 sind auch genug."

Das Ganze ging weiter hin und her, bis sie sich schließlich auf eine Zahl einigten: zehn Gerechte. Abraham ging seines Weges und Gott ging seines Weges. Und wir können uns nur wundern: Gott war nicht sauer, er ließ sich auf das Gespräch ein. Er war nicht unnahbar, sondern ansprechbar. Sodom und Gomorra wurden zwar zerstört, aber Abrahams Neffe kam mit dem Leben davon.

Und alles nur, weil Abraham sich vor Gott stellte.

Er tat das, wozu die Bibel uns alle auffordert: „... betet füreinander, damit ihr geheilt werdet" (Jakobus 5,16).

Jemand aus Ihrem Bekanntenkreis wird angegriffen. Ihr Nachbar leidet unter Depressionen. Ihre Schwester oder Ihr Bruder ist auf Abwege geraten. Ihr Kind steht vor einer großen Herausforderung. Und Sie wissen nicht, was Sie angesichts der jeweiligen Situation sagen sollen. Sie haben vielleicht keine Mittel und Wege, um dem anderen zu helfen. Aber eines haben Sie: das Gebet. Den folgenden Verheißungen zufolge wird Ihr Gebet dafür sorgen, dass Gott in der einen oder anderen Weise in das Leben der Menschen eingreift, die Sie lieben:

Das Gebet eines gerechten Menschen hat große Macht und kann viel bewirken (Jakobus 5,16).

Kommt zu Gott, und Gott wird euch entgegenkommen (Jakobus 4,8).

Der Herr ist allen nahe, die ihn anrufen, allen, die ihn aufrichtig anrufen (Psalm 145,18).

Wenn wir füreinander beten, betreten wir gewissermaßen Gottes Werkstatt, ergreifen einen Hammer und helfen ihm, seine liebevollen Absichten für die Menschen zu erreichen.

Mein Vater hat meinen Bruder und mich zu etwas Ähnlichem aufgefordert. Die Idee dazu kam uns, als wir gemeinsam an unserem Küchentisch saßen. Mein Bruder war damals neun und ich sechs Jahre alt, und mein Vater ... nun ja, er war alt genug, um zu wissen, dass man einen Plan braucht, wenn man ein Haus bauen will. Also machte er sich mit einem Block und einem Bleistift bewaffnet an die Arbeit. Er zeichnete das Haus seiner Träume.

Er liebte es zu bauen. Er hatte schon zwei Häuser gebaut, einschließlich dem, in dem wir jetzt wohnten. Aber er hatte noch größere Träume. Er wollte, dass wir vier Zimmer hatten und nicht nur drei. Dass das Haus gemauert war und nicht aus Holz. Platz für zwei Autos bot statt für nur eines. Dass es eine Werkstatt hinter dem Haus gab. Ein Basketballkorb in der Einfahrt und vor allem einen offenen Kamin.

Während er an den Plänen arbeitete, standen wir auf Zehenspitzen dabei und schauten ihm über die Schulter. Wir bombardierten ihn mit Vorschlägen. Wie wäre es mit einem großen Fenster im Wohnzimmer oder einer Schaukel in der Küche?

„Wollt ihr mir helfen?", fragte er.

Ist der Papst katholisch?! Schwimmt eine einbeinige Ente im Kreis?! Wird ein Fisch nass?! Was für eine Frage! Natürlich wollten wir! Und so kam es, dass mein Bruder und ich jeden Tag nach der Schule mit den Fahrrädern auf die Baustelle in der Alamosa Street fuhren. Ich hielt es vor Aufregung kaum aus. Die Grundschule schien so unbedeutend. Wer hatte schon Zeit für Mathe und Englisch? Ich musste Küchenfliesen aufladen und herumliegende Nägel aufsammeln. Ich war nicht einfach nur ein Grundschüler, ich war der Partner meines Papas.

Und unser Vater im Himmel lädt uns ein, auch seine Partner zu sein.

Nehmen wir diese Einladung an? Unsere Gebete öffnen die Vorratskammern des Himmels. Ihr Gebet ist die Verbindung zwischen Gottes Güte und Ihren Freunden. Wenn Sie beten, wenn Sie bei dem, der helfen kann, für diejenigen eintreten, die Hilfe brauchen, passiert etwas Gewaltiges.

Ein aufregendes Beispiel dafür ist die Geschichte des Hauptmanns. Der Soldat suchte Jesus auf und bat diesen, seinen Diener zu heilen. Als Jesus ihn nach Haus begleiten wollte, hielt der Offizier ihn zurück. „Sprich nur einfach ein Wort, und mein Diener wird gesund!" (Matthäus 8,8).

Jesus war von dem Glauben des Soldaten so beeindruckt, dass er seine Bitte auf der Stelle erfüllte. Er erkundigte sich nicht danach, wie es um den Glauben des Dieners bestellt war. Er wollte nicht wissen, ob der Mann seine Sünden bekannt oder den Messias um Hilfe gebeten hatte. Jesus heilte den Diener, weil der Hauptmann das tat, was auch Abraham getan hatte: Er stellte sich selbst zwischen den Notleidenden und denjenigen, der die Not lindern konnte.

Lassen Sie uns das Gleiche tun.

Wir haben die Gelegenheit, für jeden Menschen zu beten, dem wir begegnen. Wir können für den Mitarbeiter im Supermarkt beten, die Arzthelferin in der Praxis, den Hausmeister im Büro. Sie müssen ihnen nicht verraten, dass Sie für sie beten. Aber ich bin andererseits immer wieder überrascht, wie offen die Menschen sind, wenn ich ihnen anbiete: „Ich möchte gern für Sie beten. Haben Sie irgendwelche besonderen Anliegen?"

Und es überrascht auch nicht, dass wir selbst gesegnet werden, wenn wir andere durch unsere Gebete segnen. Studien haben ergeben, dass es durchaus eine Verbindung gibt zwischen Gebet und Glaube auf der einen und Gesundheit und Glück auf der anderen Seite. Dr. Harold G. Koenig von der *Duke University* zog aus einer umfassenden Analyse von mehr als 1500 seriösen medizinischen Studien den Schluss, dass „Menschen, die religiös sind und mehr beten, körperlich und seelisch gesünder sind". Er fügte hinzu, dass spirituelle Menschen, die göttliche Unterstützung suchen, „besser mit Stress fertigwerden, ein höheres Maß an Wohlbefinden verspüren, weil sie mehr Hoffnung haben, optimistischer sind, weniger unter Depressionen und Ängsten leiden und sich weniger häufig das Leben nehmen".[1]

Wenn wir für andere beten, hat das einen positiven Bumerangeffekt. Es ermöglicht uns, die Last, die wir für andere tragen, auf Gottes Schultern zu legen. Denn genau dazu lädt er uns ein: „Überlasst all eure Sorgen Gott, denn er sorgt sich um alles, was euch betrifft!" (1. Petrus 5,7). Unüberwindbare Lasten werden erträglich, weil wir dafür beten. Zerbrechen Sie sich nicht den Kopf über die Entscheidungen der Politiker. Beten Sie für sie. Regen Sie sich nicht über den Zustand in der Gemeinde auf. Beten Sie dafür. Lassen Sie sich nicht von den Schwierigkeiten des Lebens kleinkriegen. Überlassen Sie sie Gott, bevor sie Ihnen zu nahegehen.

Es war um 4:30 Uhr morgens am 10. November 2008, als Eben Alexanders Gehirn anfing zu versagen. Schmerzen schossen durch seinen Körper. Er nahm an, dass seine Beschwerden auf eine Virusinfektion zurückzuführen waren, mit der er seit einigen Tagen kämpfte. Doch nach zwei Stunden wusste er, dass es mehr war. Er litt Qualen und war buchstäblich gelähmt. Um 9:30 Uhr war sein ganzer Körper steif und krampfte. Seine Augen verdrehten sich und er sank ins Koma.

Die überraschende und schwerwiegende Diagnose der Ärzte lautete, dass Alexander unter einer seltenen Form von Meningitis litt, die durch Kolibakterien verursacht wurde. Niemand wusste, wo er sich diese eingefangen hatte. Niemand ging davon aus, dass er die Krankheit überleben würde. Weniger als einer von zehn Millionen Erwachsenen zieht sich diese Krankheit jedes Jahr zu; die Sterberate liegt bei über 90 Prozent.

Das Ironische daran war, dass der Mann mit dem kranken Gehirn ein Neurochirurg war.

Dr. Alexanders Lebenslauf beeindruckt selbst die klügsten Gelehrten: Er hat einen Abschluss in Medizin von der Duke University, ist Arzt am Massachusetts General Hospital und in Harvard. Hatte ein Stipendium in Neurochirurgie und unzählige Hirn-OPs durchgeführt. War 15 Jahre Dozent an der medizinischen Fakultät von Harvard, Verfasser von über 150 Abschnitten und Artikeln für medizinische Publikationen. Hatte Vorträge auf über 200 Medizinkongressen weltweit gehalten.

Doch das war noch nicht alles. Dr. Alexander war kein gläubiger Mann. Er hätte wahrscheinlich von sich behauptet, dass er ein Realist war. Er bediente sich der modernen Medizin, um Menschen zu heilen. Niemand war über das, was er während seiner Zeit im Koma erlebte, so überrascht wie er. „Ich vernahm ein Rauschen und fand mich plötzlich in einer völlig neuen Welt wieder." An diesem Ort „zogen schimmernde Gestalten über den Himmel". Er vernahm einen „gewaltigen Klang, einen dröhnenden, glorreichen Gesang", beschrieb später, wie „eine wahre Explosion aus Licht, Farbe, Liebe und Schönheit durch meinen Körper wogte. ... es schien überhaupt keine Entfernung mehr zwischen Gott und mir zu liegen".

Was war passiert? Gebet war „passiert". Der Arzt selbst war vielleicht kein spiritueller Mensch, aber seine Freunde und seine Familie schon. Sie kamen im Krankenhaus zusammen, beteten allein und gemeinsam. Als die Tage vergingen, begannen sie sich zu fragen, ob ihre Gebete irgendetwas bewirkten. Am Donnerstag – Alexander lag bereits seit drei Tagen im Koma – riefen sie den Pastor ihrer Gemeinde an, und eine letzte Gebetswelle begann. Und endlich schienen diese Gebete etwas in Gang zu setzen.

Alexander schrieb später in seinem Buch: „Ich hatte das Gefühl, mich abwärtszubewegen, durch eine dichte Wolkenwand. Um mich herum vernahm ich ein Murmeln, konnte aber die Worte nicht verstehen. Dann merkte ich, dass ich von zahllosen Wesen umgeben war. Sie knieten in Kreisen, die bis in weite Ferne reichten. Wenn ich heute darauf zurückschaue, ist mir klar, was diese Reihen von Wesen taten, die ich halb sah und halb fühlte und die sich bis in die Dunkelheit über und unter mir ausdehnten: Sie beten für mich."[2]

Am Morgen des Sonntags erwachte er aus dem Koma. Die Gebete hatten den Arzt wieder auf die Welt zurückgebracht.

Gibt es in Ihrem Leben einen „Alexander"? Oder eine Krise in Ihrem Umfeld? Könnten Sie Hoffnung bringen, wo es keine Hoffnung mehr gibt? Sind Sie am Ende und können nur noch eines tun: beten? Das ist in Ordnung. Gebet ist im Grunde auch das Einzige, was Sie brauchen.

Übrigens schenkt Ihnen nichts so sehr Freude wie das Gebet für andere. Versuchen Sie es doch einmal. Wenn Sie das nächste Mal auf einem überfüllten Bahnsteig stehen, dann schauen Sie sich doch einmal um, und beginnen Sie im Stillen zu beten: *Herr, segne den Mann dort in dem grauen Anzug. Er sieht völlig fertig aus. Und schenke der Mutter und dem kleinen Kind Kraft. Bewahre auch die Gruppe von Schülern dort drüben.* Bevor Sie es sich versehen, wird aus einem alltäglichen, vielleicht langweiligen Arbeitweg ein Gebetsspaziergang, der die Welt bewegt.

Und vielleicht werden Sie die gleiche Kraft spüren, die auch mein Bruder und ich verspürten, als wir unserem Vater halfen, das Haus zu bauen. Ihr Vater wird Sie hören. Denn vergessen Sie nicht:

Sie sind sein Kind. „Seht, was für eine Liebe unser himmlischer Vater uns geschenkt hat, nämlich, dass wir seine Kinder genannt werden – und das sind wir auch!" (1. Johannes 3,1). Sie sind Teil seiner Familie. Sie wenden sich nicht als Fremder an Gott, sondern als Erbe der Verheißung. Sie nähern sich Gottes Thron nicht als Außenstehender, sondern als Kind, das vom Geist Gottes erfüllt ist. Sie gehören zu ihm!

Sie sind sein Botschafter. „So sind wir Botschafter Christi, und Gott gebraucht uns, um durch uns zu sprechen. Wir bitten inständig, so, als würde Christus es persönlich tun: ‚Lasst euch mit Gott versöhnen!'" (2. Korinther 5,20). Der Botschafter repräsentiert den König. Er spricht mit der Autorität, die ihm dieser verliehen hat. Er trägt das Siegel dessen mit sich, der ihn gesandt hat. Wenn ein Botschafter eine Bitte an den König richtet, wird der König ihm da nicht zuhören? Wenn wir, Gottes Botschafter in dieser Welt, mit einer Bitte zu unserem König kommen, wird er uns da nicht zuhören? Das wird er auf jeden Fall tun.

Sie sind Teil seiner Priesterschaft. Petrus schrieb: „Ihr seid eine königliche Priesterschaft, Gottes heiliges Volk, sein persönliches Eigentum" (1. Petrus 2,9). Obwohl Gott unsere Unterstützung nicht braucht, lädt er uns doch ein, ihm zu helfen. Mein Vater brauchte beim Hausbau keine Hilfe. Trotzdem lud er meinen Bruder und mich ein, mit ihm zusammenzuarbeiten. Warum? Mir fällt nur eine Antwort ein: Er liebte uns. Er wollte seine Fähigkeiten und seine Werte an seine Kinder weitergeben.

Gott tut das Gleiche auch heute noch! Jesus selbst hat ebenfalls gebetet (siehe Hebräer 7,25), und er lädt uns ein, gemeinsam mit ihm zu beten. „Und nun lasst euch von Gott als lebendige Steine in seinen geistlichen Tempel einbauen. Ihr sollt Gottes heilige Priester sein und ihm geistliche Opfer bringen, die er durch eure Gemeinschaft mit Jesus Christus annimmt!" (1. Petrus 2,5). Im Alten Testament war es Aufgabe des Priesters, sich im Gebet an Gott zu wenden und für sein Volk einzutreten. Wenn wir für andere beten, sind wir also gewissermaßen auch Priester, die zwischen den Menschen und Gott stehen und bei ihm für sie bitten.

Sie „gehören nun mit Jesus zu seinem himmlischen Reich" (Epheser 2,6). Sie sprechen für Ihre Familie, Ihre Nachbarschaft oder Ihre Fußballmannschaft. Sie können in Ihrem direkten Umfeld etwas bewegen. Aber wenn Sie im Glauben wachsen, wird Ihr Einflussbereich noch größer. Vielleicht werden Ihnen Waisenkinder, ferne Länder oder bedürftige Menschen ein Anliegen sein. Beten Sie zu Gott für diese Anliegen.

Seien Sie der Abraham in Ihrer Straße, der Hauptmann an Ihrem Arbeitsplatz. Sprechen Sie mit Gott über die Menschen, die dort wohnen bzw. arbeiten.

Warum hätte er uns wohl aufgetragen, „dein Reich komme bald" zu beten (Matthäus 6,10), wenn wir keinen Einfluss auf das Kommen seines Reiches hätten? Gott wird Sie nicht abweisen! Ihre beständigen Gebete werden Gottes Tür für Ihre Freunde öffnen.

Meine Freunde Dan und Nancy Pratt haben mit dem Gebet etwas erlebt, das ich an dieser Stelle unbedingt erzählen muss. Sie feierten ihren 40. Hochzeitstag mit einer Reise, über die sie seit ihrer Hochzeit gesprochen hatten: Sie machten Urlaub auf Hawaii. Aber im Vorfeld der Reise geschahen einige Dinge, die ihnen Sorgen bereiteten und beinahe dazu geführt hätten, dass sie den Urlaub abgesagt hätten.

Dan und Nancy haben einen 34-jährigen Sohn namens Bill. Bill ist in seiner Entwicklung stark zurückgeblieben und kann nicht lesen, aber er kann hervorragend im nahe gelegenen Supermarkt die Einkäufe der Kunden in Tüten packen. Und er grüßt jeden, den er trifft, mit einem lauten „Hallo!".

Jeder kennt Bill.

Aber Bill besitzt keinen Orientierungssinn und verläuft sich leicht; sein Vater sagt gern, dass Bill gewissermaßen einen „Doktor in Verschwinden" hat. Die Pratts hatten geplant, dass Bill von San Antonio nach Atlanta fliegen sollte, um die Woche bei seinem Bruder zu verbringen. Aber dennoch begannen sie, sich Sorgen zu machen. Sie sprachen die Abläufe seiner Reise immer wieder mit Bill durch – bei ihren täglichen Erledigungen, beim Essen, wenn sie morgens aufstanden und wenn sie abends ins Bett gingen. Bill schien den Plan zu verstehen. Trotzdem machten sie sich Sorgen.

Also sprachen Dan und Nancy mit Gott über ihre Sorgen. Sie baten ihre Freunde und die Familie, Gott um Schutz für Bills Reise zu bitten. Sie beteten, bis es Zeit war, zum Flughafen zu fahren.

Dan hatte sich einen speziellen Passierschein besorgt, damit er Bill bis zum Gate begleiten konnte. Dieser war sehr aufgeregt, und deshalb gingen sie in der Abflughalle auf und ab, damit er innerlich wieder etwas ruhiger wurde. Nancy rief ihn zweimal an, sein Bruder in Atlanta einmal. Die gesamte Familie kümmerte sich um ihn.

Zehn Minuten bevor sein Sohn in den Flieger steigen musste, ging Dan schließlich mit Bill zum Gate. Als er Bill sein Ticket gab, erklang plötzlich ein Ruf: „Hey, Bill!" Zwei Damen kamen auf Bill zu – sie kannten ihn aus dem Supermarkt und würden mit demselben Flugzeug fliegen. Nachdem sie sich begrüßt hatten, kam ein Mann auf sie zu: „Hey, Bill! Wer hilft mir denn jetzt, die Steaks zum Auto zu tragen?" Er war ebenfalls auf dem Weg nach Atlanta. In den nächsten zehn Minuten stießen noch sechs weitere Personen zu der Gruppe hinzu, die Bill erkannten und ihn begrüßten. Als er schließlich an Bord ging, reisten im selben Flieger neun Freunde mit, die auf ihn aufpassten. Einer davon erklärte sich sogar bereit, bis zum Treffen mit seinem Bruder bei ihm zu bleiben.

Als Dan Nancy die Neuigkeiten berichtete, kamen ihr die Tränen. Sie erinnerte sich an den Zuspruch einer Freundin: „Mach dir keine Sorgen, Nancy. Bill wird irgendjemanden treffen, der ihn kennt und der sich um ihn kümmern wird."[3]

Ja, schon – aber gleich neun Leute?

Gott hatte die Gebete der Familie und ihrer Freunde gehört.

Er wird auch Ihre hören.

Wir können viel tun, *nachdem* wir gebetet haben, aber wir können nichts tun, *bis* wir gebetet haben. Bevor wir anderen dienen, bevor wir ihnen von Gott erzählen oder sie ermutigen, sollten wir zunächst einmal eines tun: beten. Wir sind aufgerufen, ein Abraham für die Menschen in unserem Umfeld zu sein. Stellen Sie sich vor Gott und seien Sie ihr Fürsprecher. Ich kann Ihnen versichern, Gott wird Sie hören.

Kapitel 7

Sie sind dran

*Ihr seid berufen, ...
einander in Liebe zu dienen.*
Galater 5,13

Wenn ich an ihn denke, dann sehe ich immer einen breitschultrigen Mann vor mir, einen wahren Kleiderschrank. Er hatte einen Bürstenhaarschnitt, trug Krawatten und kurzärmelige, weiße Hemden mit Brusttaschenschutz für die Stifte, die er darin immer mit sich trug. Ich war einer von vier Viertklässlern, die jeden Mittwoch in der Bibelgruppe der *Parkview Church of Christ* im texanischen Odessa saßen. In dem Unterrichtsraum standen mindestens ein Dutzend Tische. Ich kann mich nicht an den Namen des Lehrers erinnern und auch sonst nicht an Einzelheiten aus seinem Leben. War er Klempner oder Postbote? Ich habe keine Ahnung.

Woran ich mich aber noch überraschend genau erinnern kann, ist jener Abend des 10. Februar 1965. Er versuchte, einer Handvoll zehnjähriger Jungs die Bedeutung des

7. Kapitels aus dem Römerbrief beizubringen. Das ist der Abschnitt, in dem der Apostel Paulus von dem erbitterten Kampf in seinem Inneren berichtete – dem Kampf gegen die Sünde. Das ist ein wirklich schwieriges Thema für einen Haufen Kinder. Doch als Paulus von unserem Gewissen, inneren Kämpfen und dem Bedürfnis nach Vergebung sprach, hörte ich zu.

Ich gab dem Lehrer keinen Grund zu der Annahme, dass die Bibelstunde irgendeinen Eindruck auf mich gemacht hätte. Ich stellte keine Fragen und bedankte mich anschließend auch nicht bei ihm. Wahrscheinlich ging er nach Hause, ohne zu ahnen, welche Wirkung sein Unterricht auf mich hatte. Wenn seine Frau ihn gefragt hätte: „Wie war die Stunde?", hätte er mit den Schultern gezuckt und gesagt: „Keine Ahnung. Die Jungs reden nicht viel." Was er nicht wusste, war, dass der sommersprossige, rothaarige Junge in der zweiten Reihe durchaus zuhörte.

An jenem Abend ging ich zu meinem Vater ins Schlafzimmer und erkundigte mich bei ihm nach dem Himmel. Er setzte sich auf die Bettkante und forderte mich auf, mich neben ihn zu setzen. Dann erklärte er mir die Sache mit der Gnade. Anschließend bat ich Jesus, mir meine Schuld zu vergeben. Am darauffolgenden Sonntag wurde ich getauft. Ab diesem Zeitpunkt war ich ein neuer Mensch.

In den nächsten Jahren dachte ich oft an diesen Lehrer. Er war kein Pfarrer gewesen. Er hatte keine besonders mitreißenden Bibelstunden abgehalten. Er neigte dazu, sich bei seinen Ausführungen zu verhaspeln. Er trug keinen Titel, hatte weder einen theologischen Abschluss noch reservierte man ihm einen Parkplatz. Wenn er Vorträge hielt, füllte er keine Stadien. Soweit ich weiß, hat er auch nie eine Gemeinde gegründet. Er war kein Fachmann für Gemeindewachstum und fand auch keine Lösung für das Welthungerproblem. Wenn er in seinem Testament einer gemeinnützigen Organisation einen nennenswerten Betrag hinterlassen hat, dann habe ich nie etwas davon gehört. Und doch hat sein Unterricht mich auf einen neuen Weg geführt.

Ich habe ihn danach nie wiedergesehen, aber ich habe Tausende wie ihn erlebt. Stille Diener. Das Fundament von Gottes Reich. Diese Menschen bemühen sich, das zu tun, was richtig ist. Sie kommen, wenn es etwas zu tun gibt, öffnen anderen die Tür, bereiten Mahlzeiten vor, besuchen Kranke. Selten sprechen sie vor einem großen Publikum. Das ist der letzte Ort, an dem die meisten von ihnen sein wollen. Sie stehen nicht am Rednerpult, sondern sorgen dafür, dass das Pult da steht. Sie haben kein Mikrofon, aber sie sorgen dafür, dass es eingeschaltet ist.

Sie verkörpern den Aufruf aus dem Galaterbrief: „Ihr seid berufen, liebe Freunde, in Freiheit zu leben – nicht in der Freiheit, euren sündigen Neigungen nachzugeben, sondern in der Freiheit, einander in Liebe zu dienen" (Galater 5,13). Diese Worte tauchen am Ende eines Abschnittes über die Freiheit auf. Fünf Kapitel lang hat der Apostel Paulus verkündet: „Ihr seid frei! Frei von Sünde. Frei von Schuld. Frei vom Gesetz. Frei von Vorschriften. Das Joch der Sklaverei ist weg – ihr seid jetzt frei."

Unsere Freiheit stellt jedoch keinen Freibrief dar, das zu tun, worauf wir Lust haben. Ganz im Gegenteil. Weil wir frei sind, können wir dienen. Wir verpflichten uns freiwillig den anderen. In einer Gesellschaft, in der jeder bedient werden möchte, halten wir nach Gelegenheiten Ausschau, selbst anderen zu dienen.

Andreas war ein solcher Diener. Er war der Bruder von Petrus. Er stammte aus demselben Ort wie Jakobus und Johannes. Aber wenn vom engsten Kreis der Jünger die Rede ist, sind damit Petrus, Jakobus und Johannes gemeint, aber nicht Andreas. Sein Name taucht nie ganz oben auf der Liste der Leiter auf. Er lebte im Schatten der anderen. Beim Gruppenfoto stand er am Rand und hatte die Hände in den Taschen vergraben. Aber wahrscheinlicher ist, dass er die Kamera gehalten hat.

„Ruhig" bedeutet aber nicht „selbstgefällig". Nur weil Andreas das Rampenlicht mied, bedeutet das nicht, dass er kein Feuer hatte. Er machte seinen Bruder Petrus mit Jesus bekannt. Petrus hat dann die erste Predigt gehalten. Petrus hat die Gemeinde in Jerusalem geleitet. Petrus hat die Gute Nachricht zu den Heiden gebracht. Er hat Briefe geschrieben, die wir heute noch lesen. Er hat den Apostel Paulus verteidigt. Jeder, der die Paulusbriefe schätzt, sollte Petrus dankbar sein. Und jeder, der von dem felsenfesten Glauben von Petrus profitiert hat, sollte für die dienende Haltung von Andreas dankbar sein.

Und es war die dienende Haltung von Maria, die dazu führte, dass Gottes Wahl auf sie fiel, als er eine Mutter für Jesus suchte. Sie war nicht sehr gebildet und auch nicht prominent. Sie war eine einfache junge Frau, bodenständig, aus ärmlichen Verhältnissen. Sie ging in der Menge unter. Sie stammte aus Nazareth, einem staubigen Dorf in einer benachteiligten Region von Galiläa.

Zur damaligen Zeit stand Maria auf der untersten Stufe

der sozialen Leiter. Als Jüdin war sie eine Untertanin der Römer. Als Frau war sie den Männern untergeordnet. Als junge Frau unterstand sie den älteren Frauen. Weil sie arm war, war sie der Oberschicht untergeben.

Maria war außergewöhnlich gewöhnlich. Aber folgende Tugend ließ sie aus der Masse herausstechen: „Ich bin die Dienerin des Herrn und beuge mich seinem Willen. Möge alles, was du gesagt hast, wahr werden und mir geschehen" (Lukas 1,38).

Wenn Gott Jesus Christus in diese Welt bringen will, hält er nach dienenden Menschen Ausschau. Man braucht keinen Uniabschluss. Muss nicht aus einer guten Familie stammen. Braucht kein dickes Bankkonto. Der Geburtsort spielt auch keine Rolle. Falls Sie ebenfalls einer dieser unscheinbaren Menschen sind, will Gott Sie an eines erinnern: Er kann Sie gebrauchen.

Doch falls Sie einer dieser stolzen Menschen sind, seien Sie gewarnt: Gott wird Sie zurechtweisen.

„Sünde" heißt das Wort, mit dem in der Bibel die arrogante Neigung bezeichnet wird, die zu einem falschen Selbstbild führt – dazu, dass man eine zu hohe Meinung von sich hat. Sünde führt zu der Annahme, man habe ein Recht auf etwas. Sünde beschreibt die Krankheit, die mich vor dem Einkaufszentrum wütend knurren ließ, als eine Frau mir einen Parkplatz vor der Nase wegschnappte. Ich wollte diesen Parkplatz. Ich brauchte diesen Parkplatz. Er stand mir zu, schließlich hatte ich auf ihn gewartet. (Immerhin hatte ich schon den Blinker gesetzt!) Es war der Parkplatz, den ich verdient hatte, weil ich es eilig hatte und weil ich sehr wichtig bin und weil ich keine Zeit habe, in Einkaufszentren herumzubummeln, weil ich ein Mann Gottes bin und Weihnachten vor der Tür stand.

An Feiertagen haben Pastoren viel um die Ohren, und die Parklücke wurde genau im richtigen Moment frei – ein Beweis dafür, dass Gott es gut mit mir meint! Wie konnte diese Frau es da wagen, mir Gottes Segensgeschenk vor der Nase wegzuschnappen! Aber sie tat es trotzdem. Ich dachte darüber nach, ob ich etwas zu ihr sagen sollte. Ich bin so froh, dass ich mir auf die Zunge gebissen habe, denn als ich vorbeifuhr, rief sie: „Hallo, Pastor Max! Wir sehen uns am Sonntag!"

Multiplizieren Sie jetzt die Arroganz, die mich dort auf dem Parkplatz überkam, mit sieben Milliarden – der Anzahl der Menschen auf diesem Planeten. Und dann multiplizieren Sie sie mit den Dutzenden Malen, an denen diese schlechte Eigenschaft uns jeden Tag überkommt. Kein Wunder, dass auf dieser Welt so ein Chaos herrscht.

Das Gefühl, ein Recht auf etwas zu haben, überkam bei einer Gelegenheit, von der in der Bibel berichtet wird, auch die Mutter von Jakobus und Johannes:

Später kam die Mutter von Jakobus und Johannes, den Söhnen des Zebedäus, mit ihren Söhnen zu Jesus. Sie kniete respektvoll vor ihm nieder, denn sie wollte ihn um einen Gefallen bitten.

„Was möchtest du?", fragte er sie. Sie antwortete: „Wirst du meinen Söhnen in deinem Reich die Ehrenplätze neben dir geben, den einen rechts und den anderen links von dir?" (Matthäus 20,20–21).

Manchmal fragt man sich, ob die Jünger überhaupt zugehört haben, wenn Jesus etwas gesagt hat. Gerade erst haben wir gelesen, dass er ihnen gesagt hat, sie sollten wie die Kinder werden (nachzulesen in Matthäus 18,3). Dem reichen Jüngling teilte er mit, dass er aufhören solle, sich nur auf sich selbst zu verlassen, sondern anfangen solle, Gott zu vertrauen (Matthäus 19,16–21). Und später verkündete er: „Viele, die jetzt die Ersten sind, werden die Letzten sein, und die, die jetzt die Letzten sind, werden dann die Ersten sein" (Matthäus 20,16). Anschließend sagte er zum dritten Mal voraus, dass er sterben, begraben und auferstehen würde (Matthäus 20,17–19).

Aber hat ihn jemals einer seiner Jünger gefragt, was Demut bedeutet? Hat irgendeiner ihn getröstet? Nein. Die einzige Reaktion kam von der Mutter von Jakobus und Johannes, die für ihre Söhne Ministerposten im neuen Reich Gottes ergattern wollte.

Es genügte ihr nicht, dass ihre Söhne die Wunder hautnah miterlebt hatten. Es genügte ihnen nicht, dass sie dazu auserwählt wurden, Apostel zu werden, dass sie Mitglieder des innersten Kreises um Jesus und auf dem Berg der Verklärung dabei gewesen waren. Diese Mutter wollte die Gesichter ihrer Söhne neben dem von Jesus in den Mount Rushmore gemeißelt sehen – einer zu seiner Rechten und einer zu seiner Linken.

Jesus wies sie jedoch sofort für ihre Wünsche zurecht:

„Bei euch soll es anders sein. Wer euch anführen will, soll euch dienen, und wer unter euch der Erste sein will, soll euer Sklave werden. Der Menschensohn ist nicht gekommen, um sich be-

dienen zu lassen, sondern um anderen zu dienen und sein Leben als Lösegeld für viele hinzugeben" (Matthäus 20,26–28).

Jesus war auf diese Welt gekommen, um den Menschen zu dienen.

Bei einer dieser Begebenheiten waren die Jünger auf dem See Genezareth unterwegs, als sie hörten, wie ihnen ein Unbekannter vom Strand aus etwas zurief. Sie hatten die ganze Nacht nicht einen Fisch gefangen, doch als der Mann ihnen riet, die Netze auf der anderen Seite des Bootes auszuwerfen, waren diese in kürzester Zeit voll. Da erkannten sie, dass es sich bei dem Unbekannten um Jesus handelte. Petrus sprang sofort ins Wasser und schwamm an Land. Die anderen Jünger legten sich ins Zeug und ruderten hinter ihm her. Als sie das Ufer erreichten, bot sich ihnen ein höchst außergewöhnlicher Anblick: Jesus bereitete gerade eine Mahlzeit zu! Und er lud sie ein: „Kommt her und frühstückt!" (Johannes 21,12).

Sollte es nicht genau andersherum sein? Jesus hatte soeben die Pforten der Hölle aus den Angeln gehoben. Er hatte sich den Teufel vorgenommen und diesen besiegt. Er hatte der Menschheit ein so großes Maß an Gnade geschenkt, dass unsere Schuld für immer beglichen sein wird. Er hatte die Dämonen zum Tod verurteilt und jeden Sünder, angefangen bei Adam, befreit. Und er, der unbestrittene Herr über das gesamte Universum, hatte sich die Küchenschürze umgebunden?!

Und er hat sie bis heute nicht wieder abgelegt. Im Gegenteil, er hat uns ein himmlisches Festmahl versprochen: „… er wird sie Platz nehmen lassen, sich eine Schürze umbinden und sie bedienen, während sie sitzen und essen!" (Lukas 12,37).

Können Sie sich diesen Anblick vorstellen? Reihen von Tischen, die unter der Fülle an Speisen schier zusammenbrechen. Alle Menschen, die zu Jesus gehören, feiern und singen – und dann fragt einer von ihnen: „Hat irgendjemand Jesus gesehen?"

„Ja", antwortet ein anderer. „Er ist da hinten am anderen Ende des Festsaals und schenkt Wein aus."

Obwohl er Gott war, bestand er nicht auf seinen göttlichen Rechten. Er verzichtete auf alles; er nahm die niedrige Stellung eines Dieners an und wurde als Mensch geboren und als solcher erkannt (Philipper 2,6–7).

Er war mit dem unwichtigsten aller Titel zufrieden. Er war zufrieden damit, ein Sklave genannt zu werden.

Stellen Sie sich einmal vor, Sie würden diese Rolle übernehmen. Sie wären derjenige in der Familie, der nach dem gemeinsamen Essen immer den Abwasch erledigt. Sie wären die Kollegin, die den anderen dient, indem Sie pünktlich und vorbereitet zu jeder Besprechung erscheinen und aufmerksam zuhören. Sie wären das Gemeindemitglied, das den Pastor durch Gebet und Ermutigung unterstützt. Sie wären der Nachbar, der den Rasen des alten Ehepaares von nebenan mäht.

Können Sie sich vorstellen, wie viel Freude Ihnen das machen wird?

Natürlich können Sie das! Sie haben es ja schon erlebt. Als Sie der kranken Kollegin etwas zu essen vorbeigebracht oder dem kranken Kind ein Lied gesungen haben, wurden Sie da nicht beide ermutigt? Sie wurden schon oft genug schlechte Laune wieder los, um zu wissen, dass man am schnellsten wieder froh wird, wenn man jemand anderen zum Lächeln bringt.

Betrachten Sie einmal die Situation von Tim und Tom: Tim erwartet, dass alle ihn bedienen. Von dem Augenblick an, wo er morgens die Augen öffnet, denkt er: *Wo bleibt mein Kaffee?* Er geht aus dem Haus und denkt: *Wehe, wenn auf den Straßen viel los ist!* Wenn die Kassiererin im Supermarkt langsam ist, regt Tim sich auf. Wenn die Dame hinterm Empfangstresen seinen Namen vergessen hat, sinkt Tims Laune. Wenn die Mitarbeiter seines Unternehmens mehr Zeit brauchen, um ein Projekt abzuschließen, als Tim ihnen eingeräumt hat, lässt er sie spüren, wie unzufrieden er darüber ist.

Tim hat hohe Erwartungen an die Welt. Er erwartet, bedient zu werden. Er erwartet, dass die Menschen sich nach seinen Plänen richten, seine Bedürfnisse erfüllen und ihn belohnen. Daher ist Tim selten glücklich. Die Bedienung ist zu langsam, der Weg zur Arbeit dauert zu lange, und die Mitarbeiter eines Geschäfts erinnern sich nicht schnell genug an seinen Namen.

Armer, unglücklicher Tim.

Tom dagegen misst einen erfolgreichen Tag an folgendem Maßstab: *Wem kann ich heute helfen?* Da es immer Menschen gibt, die Hilfe brauchen, ist Tom ungemein erfolgreich. Er dient seiner Frau, indem er ihr morgens Kaffee bringt. Er dient der Kassiererin im Supermarkt, indem er sie anlächelt. Er dient der Dame hinterm Empfangstresen durch ein paar ermutigende Worte. Er legt auf der Arbeit eine positive Einstellung an den Tag.

Schlechtes Wetter? Schleichender Verkehr? Kein Problem. Die Welt ist nicht dazu da, um ihn glücklich zu machen. Im Gegenteil. Er ist dazu da, um sich um andere zu kümmern. Die äußeren Umstände machen ihm nichts aus. Tom geht abends mit einem Lächeln ins Bett.

Tim ist unglücklich und bringt Menschen dazu, düster dreinzuschauen.

Tom ist glücklich und bringt Menschen zum Lächeln.

Welcher von beiden sind Sie? Sind Sie ein Tim oder ein Tom? Oder ein bisschen von beiden?

Vielleicht ist es an der Zeit, das Leben einmal aus einem anderen Blickwinkel zu betrachten. Wenn Sie Ihr Glück und Ihre Zufriedenheit davon abhängig machen, in welchem Maß andere Ihnen etwas Gutes tun, werden Sie immer enttäuscht sein. Wenn Ihr Glück und Ihre persönliche Zufriedenheit hingegen davon abhängen, wie Sie selbst anderen etwas Gutes tun ... Sie können diesen Satz sicher selbst vervollständigen.

Die Ergebnisse wissenschaftlicher Untersuchungen sprechen hier eine deutliche Sprache: Gutes zu tun tut demjenigen gut, der es tut. Im Rahmen einer Studie wurden 2010 mehr als 4500 erwachsene Amerikaner befragt. Hier zeigte sich, dass von den Personen, die durchschnittlich mehr als 100 Stunden im Jahr ehrenamtlich tätig waren, 68 Prozent angaben, sich körperlich gesünder zu fühlen. 73 Prozent gaben an, die ehrenamtliche Tätigkeit „senkt das Stressniveau", und 89 Prozent sagten, dass ihr Engagement ihr „allgemeines Wohlbefinden verbessert" habe.[1] Wir steigern unser Maß an Freude und Zufriedenheit, wenn wir anderen Freude bereiten.

In einer Studie bat der Psychologe Bernard Rimland die Teilnehmer, zehn Personen aus ihrem Bekanntenkreis zu nennen und dabei anzugeben, ob sie diese für glücklich oder unglücklich hielten. Dann forderte er die Teilnehmenden auf, die Liste noch einmal durchzugehen und jede Person in eine Kategorie einzuteilen – „egoistisch" oder „selbstlos". Die Ergebnisse brachten ihn zu einem Schluss, der das Thema dieses Buches widerspiegelt: „Jeder, der als ‚glücklich' bezeichnet wurde, wurde gleichzeitig in die Kategorie ‚selbstlos' eingeordnet."[2] Es ist also in Ihrem eigenen Interesse, auf die Interessen anderer zu achten!

Lange bevor sich Umfragen mit den Vorzügen des Dienens befasst haben, hat Gott bereits davon gesprochen, dass es positive Auswirkungen auf uns hat:

Öffne dem Hungrigen dein Herz und hilf dem, der in Not ist. Dann wird dein Licht in der Dunkelheit aufleuchten und das, was dein Leben dunkel macht, wird hell wie der Mittag sein. Dann wird dich der Herr beständig leiten und dir selbst in Dürrezeiten innere Zufriedenheit bewahren. Er wird deinen Körper erfrischen, sodass du einem soeben bewässerten Garten gleichst und bist wie eine nie versiegende Quelle (Jesaja 58,10–11).

Was würde passieren, wenn alle ihren Mitmenschen dienen würden? Wie viele Ehen würden sich positiv entwickeln? Wenn Politiker mehr dem Volk und weniger sich selbst dienen würden, würde ihr Land oder ihre Kommune nicht davon profitieren? Wenn die Gemeinden voller Menschen wären, die bereit sind, anderen zu dienen: Wie viele zehnjährige Jungs würden dann die Einladung ihres Lebens vernehmen?

Mir kommen dabei zwei Menschen in den Sinn, ein Mann und eine Frau. Die beiden sind bereits in ihren Siebzigern.

Der Mann liegt in einem Pflegebett. Aber das Bett steht im Wohnzimmer, nicht im Krankenhaus.

Sein Körper gehorcht ihm nicht länger. Die Muskeln sind durch eine Nervenerkrankung so degeneriert, dass sie sich von Knochen zu Knochen spannen wie der Stoff zwischen den Stangen eines Regenschirms.

Er atmet durch einen Schlauch, der an seinem Hals in die Luftröhre führt. Und obwohl sein Körper nichts mehr tun kann, wandert sein Blick suchend umher. Er sucht den Raum nach seiner Partnerin ab, einer Frau, deren jugendliche Vitalität nicht verrät, wie alt sie in Wirklichkeit ist. Sie hat graue Haare, aber im Gegensatz zu ihrem bettlägerigen Mann ist sie gesund und dynamisch.

Bereitwillig widmet sie sich ihrer täglichen Aufgabe: der Pflege ihres Mannes. Mit unerschütterlicher Treue tut sie das, was sie schon seit zwei Jahren tut. Es ist keine leichte Aufgabe. Sie muss ihn rasieren, waschen, füttern, ihm die Haare kämmen und die Zähne putzen.

Sie hält seine Hand, während sie zusammen fernsehen.

Sie steht mitten in der Nacht auf und saugt seine Lungen ab.

Sie beugt sich über ihn und küsst sein fiebriges Gesicht.

Sie dient ihm.

Sie führt das Erbe von Andreas und Maria fort.

Als mein Vater schließlich seinen letzten Atemzug tat, waren die beiden über 40 Jahre verheiratet gewesen.

An dem Tag, an dem wir ihn beerdigten, dankte ich meiner Mutter dafür, dass sie uns die Haltung Christi vorgelebt hatte: stille Dienstbereitschaft.

Kapitel 8

Unwohlfühlbereich

*Nehmt einander an,
wie Christus euch angenommen hat,
denn dadurch wird Gott geehrt.*

Römer 15,7

Es war einmal vor langer Zeit in einem Land, das nicht weit von dem unseren entfernt ist, da gab es eine ordentliche, wohlgepflegte Nachbarschaft. Die Bewohner hielten die Straßen sauber, die Rasenflächen getrimmt und die Standards hoch. In jedem Haus lebten beide Elternteile, zwei Kinder, ein Hund oder eine Katze und ein Goldfisch. Sie gingen mit ihren Hunden spazieren, winkten dem Briefträger zu und machten abends um zehn Uhr das Licht aus. Sie genossen ihr friedliches Leben. Aber dann wurde ihre Ruhe gestört. Ein Mann kaufte das Backsteinhaus an der Ecke, an der der Eichenweg auf die Ulmenstraße trifft. Ein alleinstehender Mann. Keine Familie. Kein Ehepaar. Ein alleinstehender Mann namens Levi.

Es stellte sich heraus, dass Levi ein aufgemotztes Corvette-Cabrio fuhr. Es stellte sich heraus, dass Levi seinen Rasen „oben ohne" mähte. Es stellte sich heraus, dass Levi einen Swimmingpool mit Sonnenterrasse und Grill anlegte und draußen eine Musikanlage installierte. Während alle anderen Bewohner abends langsam zur Ruhe kamen, drehte Levi erst richtig auf.

Er schmiss Partys. Seine Freunde kamen aus dem zwielichtigen Teil der Stadt. Sie fuhren frisierte Schlitten und tiefergelegte Sportwagen. Die Männer trugen Springerstiefel und waren tätowiert. Die Frauen trugen enge Oberteile mit Spaghettiträgern. Manche der Männer hatten Sixpacks am Bauch, andere in der Hand. Alle redeten zu laut, tranken zu viel und feierten zu lange.

Am Sonntagmorgen, wenn die braven Leute aus dem ordentlichen Viertel in die Kirche gingen, sahen sie die Bierdosen auf dem Rasen ihres neuen Nachbarn liegen und sagten zu ihren Kindern: „Der Mann braucht Jesus."

Also kam Jesus vorbei. Er besuchte das Viertel und schlenderte die Straße entlang. Er ging von Haus zu Haus und erkundigte sich, ob irgendjemand Zeit für einen kleinen Plausch, für eine Runde Skat oder einen gegrillten Burger hatte.

Aber wer hatte schon Zeit für solche albernen Dinge? Sie hatten doch ihre Arbeit, die Sperrstunde und ihre Verpflichtungen. Niemand hatte Zeit für Jesus. Niemand, außer dem Mann an der Ecke von Eichenweg und Ulmenstraße. Der Mann mit dem lauten Auto und den lauten Freunden. Er hatte Zeit.

Jesus klopfte an Levis Tür und Levi lud ihn zum Abendessen ein. Die beiden verstanden sich auf Anhieb. Sie verbrachten Zeit miteinander, erzählten sich Witze und sprachen über das Leben. Schließlich erzählte Levi Jesus von seiner schlimmen Vergangenheit. Und Jesus erzählte Levi von Vergebung und der Zukunft.

Levi fragte: „Gilt das auch für mich?"

Jesus lächelte. „Ja, das gilt ganz besonders für Leute wie dich."

Eines Tages stattete Jesus ihm einen ganz besonderen Besuch ab und machte ihm das folgende Angebot: „Komm, folge mir nach!", sagte Jesus zu ihm. Da stand Levi auf, ließ alles liegen und folgte ihm nach (Lukas 5,27–28).

Levi. Auch bekannt als Matthäus – Matthäus, der Apostel, der Evangelist, einer der ersten Nachfolger von Jesus. Aber bevor er Matthäus wurde, war er Levi. Bevor er Kirchgänger wurde, machte er schmutzige Geschäfte. Bevor er einen Teil der Bibel schrieb, stellte er seinen Landsleuten überhöhte Steuerbescheide aus.

Matthäus war ein Zolleintreiber, ein Jude, der für die römische Besatzungsmacht arbeitete. Der Kaiser gestattete den Zolleintreibern, auf alles und jedes Steuern zu erheben. Solange die Regierung in Rom ihren Anteil bekam, konnten die Zolleintreiber den Rest für sich behalten. Und das taten sie auch. Sie wurden reich, indem sie die Menschen arm machten. An ihren Wänden hing ein gerahmter Leitspruch: „Hol dir alles, was du kriegen kannst, und behalte alles, was du kriegst."

Deshalb konnte sich Levi auch die Corvette und die Partys leisten. Deshalb war er so draufgängerisch und ungestüm. Er hatte seine Würde und seine Selbstachtung schon vor langer Zeit gegen einen dicken Geldbeutel und ein schnelles

Auto eingetauscht. Er wurde nie zu den Grillpartys in der Nachbarschaft oder zu Klassentreffen eingeladen. Die Leute tuschelten hinter seinem Rücken: „Das ist Levi, der Blutsauger." Er war ein Betrüger, ein aalglatter Gauner. Er war ein Steuereintreiber.

Aber Jesus sah, dass Matthäus Potenzial hatte. Und Matthäus sah, dass Jesus ihm ein neues Leben ermöglichen konnte. Als Jesus ihm also das Angebot unterbreitete, nahm Matthäus es an. Er gesellte sich zum bunten Haufen der Jünger Jesu.

Aber obwohl Matthäus jetzt ein neues Leben begonnen hatte, konnte er seine alten Freunde nicht vergessen. Er vermisste seine Clique. Natürlich war ihre Ausdrucksweise derb und ihre Moral zweifelhaft. Sie hingen in Nachtklubs herum und verbrachten die Wochenenden in Casinos. Sie takelten sich auf, tranken zu viel und lebten zu intensiv, aber sie lagen Matthäus am Herzen. Eines Tages erklärte er Jesus: „Ich mag deine Leute ja. Ich mag Petrus, Johannes und die anderen. Aber ich vermisse Billy Bob und Bubba Joe und Betty Sue wirklich ..."

Jesus entgegnete: „Ich will dir was sagen: Wenn du mein Freund bist, bedeutet das nicht, dass du nicht auch *ihr* Freund sein kannst. Ich würde sie gern kennenlernen."

Matthäus horchte auf. „Echt? Das sind aber keine Kirchgänger. Sie sind in der Synagoge nicht gern gesehen."

„Kein Problem, bin ich auch nicht. Wie wär's mit einer Party? Wir bringen beide Gruppen zusammen – Petrus und Thomas und Billy Bob und Bubba Sue."

„Sein Name ist eigentlich Bubba Joe. Aber das ist eine tolle Idee."

Matthäus rief den Caterer an und schrieb eine Gästeliste. „Kurz darauf lud Levi Jesus als Ehrengast zu einem Festessen in sein Haus ein. Viele mit Levi befreundete Steuereinnehmer und andere Gäste waren anwesend" (Lukas 5,29).

Matthäus veranstaltete keine einfache Grillparty im Garten. Er organisierte ein großes Festmahl mit vielen Menschen. Teurer Wein. Bedienung. Essen auf jedem Tisch, Gäste in jeder Ecke. Und es waren nicht irgendwelche Gäste, es war eine bunte Mischung aus Bikern, Bienen und Betbrüdern. Die Apostel mischten sich unter das Volk von Unruhestiftern. Partylöwen und Bibelschüler auf derselben Feier.

Jesus war begeistert.

Die religiösen Führer dagegen waren aufgebracht.

Man nannte sie damals „Pharisäer". Der Name kommt aus dem Hebräischen und bedeutet so viel wie „Abgesonderte".[1] Sie hießen so, weil es ihnen nur darum ging, sich von den Sündern abzusondern. Heiligkeit war für sie gleichbedeutend mit Kloster, Quarantäne und Isolation. Gute Menschen – Menschen, die zu Gott gehören – sollten ihrer Meinung nach eine Wagenburg bauen und sich so vor Außenstehenden schützen. Sie freunden sich nicht mit schlechten Menschen an.

Als die Pharisäer von der Party Wind bekamen, sprengten sie sie. Sie fielen mit finsteren Mienen und extra dicken Bibeln unterm Arm bei Matthäus ein. Sie deuteten mit Fingern auf die Unmoral und verlangten eine Erklärung von Jesus. „Wie könnt ihr nur mit diesem Abschaum essen und trinken?" (Lukas 5,30).

Matthäus' Freunde stöhnten auf. Sie wussten, was jetzt kam. Sie wussten, dass sie nicht dazugehörten. Man hatte ihnen ihr ganzes Leben lang vor Augen geführt: „Ihr seid nicht gut genug für Gott." Sie sammelten ihre Sachen ein und wandten sich zum Gehen. Die Party war vorbei.

„Nicht so schnell", sagte Jesus. Er stand auf – wenn nicht buchstäblich, so doch im übertragenen Sinn. Er stand für Matthäus und seine Freunde ein. „Nicht die Gesunden brauchen den Arzt, sondern die Kranken. Ich bin gekommen, um Sünder zur Umkehr von ihren Sünden zu rufen, und nicht, um meine Zeit mit denen zu verbringen, die sich schon für gut genug halten" (Lukas 5,31–32).

Jesus spickte seinen Satz mit einer Portion Ironie. Die Pharisäer hielten sich für geistlich „gesund" und „gut genug". In Wahrheit waren sie ungesund und alles andere als gut. Aber da sie selbst davon überzeugt waren, nicht krank zu sein, verspürten sie auch kein Verlangen, Jesus kennenzulernen.

Im Leben von Matthäus und seiner Clique war dagegen Platz für Jesus. Und deshalb hatte Jesus auch einen Platz für sie.

Und was ist mit uns?

Eine der herausfordernsten Beziehungsfragen lautet: „Was machen wir mit dem Levi in unserem Leben?"

Ihr Levi ist die Person, die so ganz anders ist als Sie. Sie haben unterschiedliche Wertesysteme. Sie haben unterschiedliche Lebenseinstellungen. Sie verhalten sich unterschiedlich, ziehen sich unterschiedlich an und glauben unterschiedliche Dinge.

Sie fahren ein Hybridauto, er einen Sprit schluckenden, die Luft verpestenden SUV.

Sie wählen CDU, er die Linke.

Sie lieben Ihren Ehepartner, sie liebt ihre Lebenspartnerin. Ihr Levi ist Ihr genaues Gegenteil.

Solche Gegensätze können uns jede Freude rauben. Es kommt immer zu Spannungen und herrscht Befangenheit, wenn wir Zeit mit dieser Person verbringen. Wut – unterschwellig oder offen zur Schau getragen – kann aufflammen. Wenn wir nicht in der Lage sind, diese Beziehung zu pflegen und zu gestalten, kann das zu Isolation, Vorurteilen und Engstirnigkeit führen.

Was ist, wenn Ihr genaues Gegenteil Ihr Chef ist? Oder Ihre Nachbarin? Ihr Kollege? Oder wenn es einer Ihrer Elternteile oder eines Ihrer Kinder ist?

Wie denkt Gott darüber – wie sollen wir seiner Ansicht nach mit den Levis dieser Welt umgehen? Sie ignorieren? Sie zum Essen einladen? Den Raum verlassen, wenn sie ihn betreten? Sie bitten zu gehen, damit wir bleiben können? Unsere Meinungsverschiedenheiten austragen? Unsere Meinungsverschiedenheiten ignorieren? Uns auf ein Streitgespräch einlassen?

Ich frage mich, ob die beste Antwort nicht in der kurzen Aufforderung besteht: „Nehmt einander an, wie Christus euch angenommen hat, denn dadurch wird Gott geehrt" (Römer 15,7).

Diese Aussage fasst einen dreißig Verse umfassenden Aufruf an die Gemeinde in Rom zusammen, sich um Einheit zu bemühen (Römer 14,1–15,7). Paulus beginnt und beendet seine Abhandlung mit demselben Verb: *annehmen*. Dieses Verb – *proslambanó* – bedeutet mehr als nur „ertragen" oder „koexistieren". Der anglikanische Geistliche John Stott schrieb: „Es bedeutet, jemanden in der Gemeinschaft und im Herzen willkommen zu heißen. Es impliziert die Warmherzigkeit und Güte aufrichtiger Zuneigung."[2]

Paulus verwendete dieses Verb, als er Philemon bat, den Sklaven Onesimus genauso willkommen zu heißen, wie er Paulus selbst willkommen heißen würde (Philemon 17). Lukas benutzte dieses Wort, um die Gastfreundschaft der Malteser zu beschreiben, als sie die Schiffbrüchigen aufnahmen (Apostelgeschichte 28,2). Und vor allem hat Jesus es verwendet, um die Art und Weise zu beschreiben, wie er uns zu sich holen will (Johannes 14,3).

Und wie nimmt er uns an? Ich weiß noch ganz genau, wie er mich behandelt hat.

Ich war ein 21 Jahre alter Unruhestifter. Obwohl ich mich etwa zehn Jahre vorher für Jesus entschieden hatte, hätte man das an meinem Lebenswandel nicht ablesen können. Ich hatte fünf Jahre lang sonntagmorgens behauptet, ein Kind Gottes zu sein, und hatte mir samstagabends die Zeit mit dem Teufel vertrieben. Ich war ein Heuchler: Ich hatte zwei Gesichter, lebte mein Leben auf der Überholspur und war völlig selbstbezogen.

Ich war verloren. So verloren wie Levi.

Als ich es schließlich satthatte, mich bei den Schweinen zu suhlen, bekam ich Wind von Gottes Gnade. Ich kam zu Jesus und er nahm mich wieder auf.

Bitte verstehen Sie mich nicht falsch: Jesus hieß mein Verhalten nicht gut. Er unterstützte es nicht, dass ich mich mit Leuten herumstritt und Probleme verursachte. Er war nicht begeistert von meiner Selbstgefälligkeit und meinen Vorurteilen. Meine Neigung zu Angeberei, Manipulation und Übertreibung? Mein Chauvinismus? Das musste alles weg. Jesus kehrte meine Selbstsucht nicht unter den Teppich. Er akzeptierte mein sündiges Verhalten nicht.

Aber er akzeptierte *mich* – sein eigensinniges Kind. Er nahm mich so an, wie ich war; meine Bereitschaft, mich von ihm verändern zu lassen, war genug. Er forderte mich nicht auf, mein Leben in Ordnung zu bringen und dann zu ihm zurückzukommen. Er war „voll Gnade und Wahrheit" (Johannes 1,14). Nicht nur Gnade, auch Wahrheit; nicht nur Wahrheit, auch Gnade.

Gnade *und* Wahrheit.

Die Gnade sagte zu der Frau, die beim Ehebruch ertappt worden war: „Ich verurteile dich nicht" (Johannes 8,11).

Die Wahrheit sagte zu ihr: „Geh und sündige nicht mehr."

Die Gnade lud den Betrüger Zachäus zum Essen ein.

Die Wahrheit brachte ihn dazu, die Hälfte seines Besitzes zu verkaufen und den Armen zu geben (Lukas 19,1–8).

Die Gnade wusch den Jüngern die Füße.

Die Wahrheit sagte zu ihnen: „Ich habe euch ein Beispiel gegeben, dem ihr folgen sollt. Tut, was ich für euch getan habe" (Johannes 13,15).

Die Gnade lud Petrus ein, aus dem Boot zu steigen und auf dem Wasser zu gehen.

Die Wahrheit tadelte ihn für seinen schwachen Glauben (Matthäus 14,29–31).

Die Gnade bot der Frau am Brunnen Leben spendendes Wasser an.

Die Wahrheit erinnerte sie taktvoll daran, dass sie fünf Ehemänner gehabt hatte und jetzt mit einem Partner zusammenlebte, mit dem sie nicht verheiratet war (Johannes 4,18).

Jesus war gnädig genug, um Nikodemus bei Nacht zu empfangen.

Er war wahrhaftig genug, um ihm zu sagen: „Niemand kommt in das Reich Gottes, der nicht aus Wasser und Geist geboren wird" (Johannes 3,5).

Jesus sagte die Wahrheit, aber auf gnädige Weise.

Jesus schenkte Gnade, aber er blieb wahrhaftig.

Gnade und Wahrheit. Annahme beinhaltet beides.

Wenn wir nur Gnade anbieten, beschönigen wir die Wahrheit. Wenn wir nur die Wahrheit anbieten, lehnen wir die Freude der Gnade ab. Unser Ziel muss Ausgewogenheit sein.

Wenn es nur immer so einfach wäre, den Menschen in gleichem Maße mit beidem zu begegnen. Ich selbst bin schon auf beiden Seiten vom Pferd gefallen. Ich habe mich so eifrig für die Wahrheit eingesetzt, dass ich die Gnade aus den Augen verloren habe. Und ich bin für die Toleranz zu Felde gezogen und habe die Wahrheit vergessen.

Ich erinnere mich noch an eine Begebenheit, als ich versuchte, eine Frau zu ermutigen, deren Ehe in die Brüche gegangen war. Sie dachte darüber nach, sich scheiden zu lassen. Ihr Mann misshandelte sie verbal und war vielleicht auch fremdgegangen. „Trenn dich doch von ihm", drängte ich sie. Es gingen einige Monate ins Land und ich hörte nichts von ihr. Als ich sie schließlich wiedersah, erklärte sie mir: „Ich bin wieder auf die Füße gekommen und habe einen starken Glauben, aber das habe ich nicht Ihnen zu verdanken."

Ups!

Sie fuhr fort: „Sie haben mir einen Ausweg gezeigt. Aber

ich hätte jemanden gebraucht, der mich herausfordert durchzuhalten."

Der Slogan „Hasse die Sünde und liebe den Sünder" macht sich gut auf einem Aufkleber, aber wie können wir ihn verinnerlichen?

Vielleicht helfen Ihnen die folgenden Gedanken dabei:

Urteilen Sie nicht über andere. Begegnen Sie jedem Menschen, als hätten Sie ihn noch nie zuvor getroffen und hätten auch nie von ihm gehört. Schubladen sind eine prima Sache für Dinge, aber nicht für Menschen.

Während ich diese Kapitel vorbereitete, ging ich eines Samstagnachmittags durch die Innenstadt. Ich sah einen abgemagerten Mann auf der Treppe eines Gebäudes sitzen. Er trug eine Wollmütze, schmutzige Kleidung und einen Vollbart. Vor ihm stand eine Dose mit seinem Lieblingsgetränk. Auf gewisse Weise war dieser Mann ein Levi in meiner Welt. Ich wäre vielleicht an ihm vorübergegangen ... aber ich steckte gerade mitten in einer Predigtreihe darüber, wie man glücklich wird, indem man die „einander"-Schriftstellen in der Bibel in die Praxis umsetzt. Also schob ich mein Unbehagen beiseite und setzte mich neben ihn. Ich hielt ihn für einen obdachlosen, arbeitslosen Herumtreiber. Aber ich war auf dem Holzweg.

Es stellte sich nämlich heraus, dass er eine einträgliche Anstellung als Bühnenarbeiter hatte und gerade von der Nachtschicht kam. Wir unterhielten uns ein wenig über seinen Beruf – er baute schon seit mehreren Jahrzehnten die Bühnen für die besten Countrymusiker auf und wieder ab. Er erzählte mir von einigen der Sänger, die er kennengelernt hatte. Er erzählte mir auch, dass Gott sein Leben spürbar gesegnet hatte. Ich hatte ihn völlig falsch eingeschätzt. Als ich ging, war ich etwas beschämt.

Raleigh Washington ist ein afroamerikanischer Geistlicher, der einen Großteil seines Lebens der Rassenversöhnung gewidmet hat. Er sagt, wenn man eine Brücke zu einem anderen Menschen bauen will, dann ist vor allem ein Satz von grundsätzlicher Bedeutung: „Hilf mir zu verstehen, wie es ist, du zu sein."[3]

Hilf mir zu verstehen, wie es ist, heutzutage ein Teenager zu sein.

Hilf mir zu verstehen, wie es ist, in eine wohlhabende Familie hineingeboren zu werden.

Hilf mir zu verstehen, mit welchen Problemen du als Einwanderer konfrontiert bist.

Hilf mir zu verstehen, wie es ist, als Frau in einem von Männern dominierten Unternehmen zu arbeiten.

Und dann lehnen Sie sich zurück und hören Sie zu. Ein offenes Ohr ist Balsam für verwundete Gefühle. (Ein Freund gestand mir einmal: „Ich vermittle oft den Anschein, als würde ich zuhören, aber in Wirklichkeit mache ich mich nur bereit zurückzuschießen.")

„Haltet einmütig zusammen! Nehmt Anteil am Leben des anderen und liebt einander als Geschwister! Geht barmherzig miteinander um und seid nicht überheblich" (1. Petrus 3,8; Hfa).

Abraham Lincoln lebte diese Form von Annahme vor. Wenn seine Frau während des Bürgerkriegs die Menschen im Süden kritisierte, sagte er zu ihr: „Kritisiere sie nicht, Mary. Wir wären unter den gleichen Umständen wahrscheinlich genauso."[4]

Wir sind niemals dazu berufen, die Welt zu retten. „Retter der Menschheit" steht weder in Ihrer Aufgabenbeschreibung noch in meiner. Ermutigen, ermahnen, loben und zurechtweisen? Das schon. Aber die Welt retten? Auf keinen Fall. Es gibt nur einen Messias, und der sind nicht Sie. Es gibt auch nur einen Thron, und der gehört nicht Ihnen.

Versuchen Sie also nicht länger, diese Rolle zu spielen. Wenn Sie das nämlich nicht tun, werden Sie vermutlich ein ziemlich elendes Leben führen. Die Last der Welt wird Sie erdrücken. Erinnern Sie sich noch an Levis Party? Wer war hier die Spaßbremse? Die ernst dreinblickenden Pharisäer.

Wir werden nicht glücklich, indem wir Menschen ständig korrigieren und auf die rechte Bahn zu bringen versuchen, sondern indem wir sie annehmen und sie Gottes Fürsorge überlassen. Jesus hat das getan. Wie hätte er ihr Verhalten sonst ertragen? Niemand wusste so gut wie er, dass die Menschen Heuchler sind und immer wieder versagen. Jesus wusste genau, was die Menschen brauchten, aber er ließ ihnen Zeit und Raum, um zu wachsen. Wäre es nicht klug, es genauso zu machen?

Widerstehen Sie dem Drang zu schreien. Auf dem Schulhof unserer Grundschule haben wir viel geschrien. Alle Jungs aus Mrs Amburgys erster Klasse hatten sich verbündet, um ihre männliche Überlegenheit zu demonstrieren. Wir trafen uns jeden Tag in der Pause, hakten uns unter, marschierten über den Schulhof und schrien: „Jungs sind besser als Mädchen! Jungs sind besser als Mädchen!" Offen gestanden stimmte ich dem nicht zu, aber ich genoss das Gefühl der Verbundenheit.

Die Mädchen bildeten als Reaktion darauf ihren eigenen Klub. Sie marschierten in der Schule herum und taten ihre Verachtung für Jungs kund: „Mädchen sind besser als Jungs!" Wir waren wirklich eine fröhliche Schule.

Levi anzuschreien fühlt sich gut an. Aber kommt auch etwas Gutes dabei heraus?

Ich habe das Gefühl, dass viel geschrien wird.

Im Radio wird geschrien.

Auf Autoaufklebern wird geschrien.

In Fernsehsendungen wird geschrien.

In den sozialen Netzwerken wird geschrien.

Alle schreien.

„Wir sind besser als ihr. Wir sind schlauer als ihr. Wir sind heiliger als ihr." Ist es möglich, die eigene Meinung zu äußern, ohne ausfallend zu werden? Der Apostel Paulus stand einer Person kritisch gegenüber, die „nur sich selbst wichtig [nimmt], aber überhaupt nichts [weiß]. Solche Leute sind aufgeblasen und zetteln spitzfindige Auseinandersetzungen und fruchtlose Streitgespräche an. So entstehen Neid, Zank, böses Gerede und gemeine Verdächtigungen" (1. Timotheus 6,4; Hfa).

„Streitet nicht über Meinungen" (Römer 14,1; LÜ). Es ist eine Sache, eine Meinung zu einem Thema zu haben; es ist aber eine andere, darüber zu streiten. Wenn Sie merken, dass die Stimmen lauter werden und die Diskussion hitziger wird, dann versuchen Sie, sich zurückzuhalten und zu schweigen. Es ist besser, still zu sein und die Freundschaft nicht aufs Spiel zu setzen, als laut zu werden und beides zu verlieren – den Streit und die Freundschaft. „Er ist dem Herrn verantwortlich, deshalb überlasst es Gott, sein Verhalten zu beurteilen. Der Herr hat die Kraft, ihm zu helfen, sodass er das Richtige tun wird" (Römer 14,4).

Lassen Sie uns miteinander diskutieren. Lassen Sie uns zusammenarbeiten. Und wenn eine Diskussion nicht möglich ist oder scheitert, soll die Liebe das letzte Wort behalten. „Das Wichtigste aber ist, dass ihr einander beständig liebt, denn die Liebe deckt viele Sünden zu!" (1. Petrus 4,8). Wenn die Liebe über Fehler hinwegsieht, kann sie dann nicht auch über unterschiedliche Meinungen hinwegsehen? Wir sind von einem ständigen Durcheinander von Meinungen umgeben und brauchen deshalb manchmal Ruhepausen.

Brian Reed war im Herbst 2003 mit einer Militäreinheit in Bagdad. Er war mit seiner Einheit im Rahmen einer gewöhnlichen Straßenkontrolle unterwegs, um die Wohnviertel zu schützen und Frieden zu stiften. Oft war das eine undankbare, fruchtlose Aufgabe, da die Bevölkerung ihnen nicht wohlgesonnen war, sondern ihnen mit viel Feindseligkeit begegnete. Brian berichtete, dass seine Einheit täglich mit ihrer eigenen sinkenden Moral zu kämpfen hatte.

Eine Ausnahme bildete da ein Gottesdienst, auf den sie zufällig trafen. Fasziniert von einer schmiedeeisernen Krippenszenerie, stiegen die Soldaten aus ihren Militärfahrzeugen. Die drei Weisen aus dem Morgenland verkündeten allen Passanten darauf, dass hier eine christliche Versammlung in einer christlichen Kirche stattfand.

Brian ging mit seinen bis zu den Zähnen bewaffneten Leuten hinein. Die Kirche war mit Arabisch sprechenden koptischen Christen angefüllt, die gemeinsam mit einem Worshipteam und Powerpointfolien Lieder sangen und Gott lobten. Die Amerikaner verstanden kein Wort, aber sie erkannten das Bild auf der Leinwand – ein Bild von Jesus. Die Sprache war ihnen fremd, aber was sie sahen, nicht: Gemeinschaft, Gebet, eine Predigt und das Abendmahl.

Als sie die amerikanischen Soldaten sahen, luden die koptischen Christen diese ein, mit ihnen das Abendmahl zu feiern. Die Soldaten zogen die Helme ab und empfingen die Sakramente. Danach schlossen sie sich den Irakis zu einer Prozession an, hinaus in den Hof, zu einem großen hölzernen Kreuz.

Danach lächelten sie, schüttelten einander Hände und beteten wieder.

An diesem unwirtlichen Ort im Nahen Osten herrschte plötzlich Frieden.

Brian schrieb: „Jesus war unter uns. Er kam genau an den Ort, von dem manche von uns sich wünschten, dass unsere Luftwaffe ihn für immer dem Erdboden gleichmachen würde. An jenem Abend sprach Gott zu mir ... Die Feier des Abendmahls und die Erinnerung an das Opfer Jesu für unsere Sünden waren der wichtigste Brückenbauer und Mauerzerstörer, die es gibt."[5]

Gegnerische Gruppierungen wurden durch das Kreuz Christi zusammengebracht.

In seinem Buch *Streams of Mercy* erwähnt Mark Rutland eine Studie, in der Amerikaner gefragt wurden, welche Worte sie am liebsten hören. Er schreibt, dass er sich die am häufigsten genannte Antwort denken konnte, aber die zweit- und dritthäufigste niemals erraten hätte. Die häufigste Antwort lautete: „Ich liebe dich." Die zweithäufigste: „Ich vergebe dir." Aber die große Überraschung war die dritthäufigste Antwort: „Abendessen ist fertig."[6]

Diese drei Sätze fassen im Grunde auch Jesu Botschaft zusammen. Er kam mit Liebe, Gnade und einer Einladung zum Essen zu den Menschen. Für Matthäus und seine Freunde fand dieses Essen im alten Israel statt. Für Sie, mich und alle anderen Levis dieser Welt wird das Festmahl im Himmel all unsere kühnsten Träume übertreffen.

Und wir werden überrascht sein, welche Personen wir alle an Gottes Tisch sehen werden.

Kapitel 9

Machen Sie den Mund auf

Unterweist und ermahnt euch gegenseitig ...
Kolosser 3,16 (Hfa)

Ihre Kollegin hat eine Nachricht auf den Anrufbeantworter gesprochen: „Mein Vater ist gerade gestorben. Ich bin auf dem Weg ins Krankenhaus. Ich weiß nicht, wie ich damit fertigwerden soll."

Ihre Nachbarin gesteht Ihnen, warum der Umzugswagen vor der Tür steht: „Mein Mann zieht aus. Er sagt, dass er die Scheidung will."

Ihre Schwester ruft an und verkündet Ihnen die Neuigkeit, dass ihr Sohn schon wieder in der Entzugsklinik ist.

Ihr Handy piept und Sie lesen: „Der Arzt hat angerufen. Der Krebs ist zurück. Können wir uns treffen?"

Von einer Sekunde auf die andere gibt Ihnen jemand Einblick in sein Leid und seinen Schmerz. Sie haben sich nicht freiwillig für diese Aufgabe gemeldet; Sie wurden gewissermaßen zwangsrekrutiert. Sie hatten nicht vor, jetzt über Tod, Scheidung oder Krankheit zu sprechen, aber manchmal hat man einfach keine Wahl.

Ich hatte jedenfalls keine. Die Frau sah mich nur an und meinte: „Ich werde jede Minute älter und kränker. Ich glaube, Gott ist fertig mit mir."

Ich nahm an einer Beerdigung teil und saß in derselben Limousine wie sie. Sie war mit dem Verstorbenen verwandt; ich war mit dem Verstorbenen befreundet. Wir waren beide bei der Trauerfeier gewesen und jetzt auf dem Weg zum Friedhof.

Friedhöfe erinnern immer an die eigene Sterblichkeit. Vielleicht war das der Grund, warum sie ihre Not so überraschend klar zum Ausdruck brachte. „Seit ich achtzig bin, bin ich ständig krank. Ich habe so viel gebetet. Ich glaube nicht, dass es noch einmal besser wird."

Dann starrte sie zum Fenster hinaus in den Winterhimmel und wiederholte ihre Schlussfolgerung noch einmal. „Ich glaube, Gott ist fertig mit mir."

Es war keine fröhliche Unterhaltung. Sie war nicht glücklich. Was sagt man zu jemandem, der glaubt, Gott interessiere sich nicht für sie oder ihn und hätte sich aus ihrem Leben verabschiedet? Stimmt man zu? Widerspricht man? Sagt man wenig? Oder viel?

Im Neuen Testament können wir die Geschichte von Lazarus nachlesen. Sie verrät, was Jesus in einem solchen Fall sagen würde. Die Geschichte beginnt mit den einfachen Worten: „Ein Mann namens Lazarus war krank. Er wohnte mit seinen Schwestern Maria und Marta in Betanien" (Johannes 11,1).

Ich schätze, wir alle sind vermutlich für irgendetwas bekannt. Marta war herrisch, Judas geldgierig. Matthäus hatte ungehobelte Freunde. Und Lazarus? Nun, Lazarus war krank.

Damit befand er sich zwar in einer unglücklichen, aber keiner ungewöhnlichen Lage. Wir alle werden hin und wieder krank. Lazarus' Situation war also nicht außergewöhnlich – bis auf eine Kleinigkeit: Er hatte einen Freund namens Jesus. Von Lazarus heißt es an dieser Stelle auch, dass er derjenige ist, den Jesus lieb hat (Vers 3). Diese Beschreibung finden wir nur ganz selten in der Bibel. Dort werden Menschen als Schüler, Nachfolger, Familie, Gegner oder Kritiker von Jesus bezeichnet, aber als Freund? Als „der, den du lieb hast"?

Lazarus hatte Jesus offensichtlich wirklich gern. Er mochte seine Geschichten, seine Witze. Andere wollten vielleicht gern mit Jesus gesehen werden oder von ihm lernen. Bei Lazarus war das anders: Er hatte Jesus einfach gern.

Und Jesus hatte Lazarus gern. Ich stelle mir manchmal vor, wie Jesus Lazarus bei einer geselligen Zusammenkunft entdeckt, ihn zu sich winkt und fragt: „Hast du Lust, diese Woche was zu unternehmen?" Freunde verbringen Zeit miteinander. Sie geben dem anderen Anteil am eigenen Leben. Und genau das taten auch Jesus und Lazarus.

Und jetzt war der Freund von Jesus krank. Schwer krank. So krank, dass seine Schwestern Marta und Maria „Jesus eine Nachricht [schickten und] ihm ausrichten [ließen]: ‚Herr, der, den du lieb hast, ist sehr krank'" (Vers 3).

Sie gingen davon aus, dass Jesus innerhalb kürzester Zeit auftauchen würde. Schließlich waren sie für ihn keine Unbekannten. Wenn er in Bethanien war, hielt er sich schließlich in ihrem Haus auf. In ihrem Küchenschrank stand sein

Lieblingstee. Sie wussten, welchen Kuchen er am liebsten aß. Daher hatten sie guten Grund zu glauben, dass Jesus alles stehen und liegen lassen würde, um ihnen zu Hilfe zu eilen.

Lazarus ging ebenfalls davon aus. Er war verzweifelt. Hatte keinen Appetit mehr. War so schwach, dass er nicht mehr aufstehen konnte. Alles tat ihm weh. Sein Kopf schien vor Schmerzen zu platzen. Aber er war sich sicher: „Jesus ist schon unterwegs." Er rechnete jeden Moment damit, seine Schritte zu hören. Eilige Schritte. Die Begrüßung von Maria: „Da bist du ja!" Und die besorgte Stimme von Jesus: „Wo ist Lazarus? Wo ist mein Freund?"

Fieberanfälle kamen und gingen, aus Tag wurde Nacht und aus Nacht wurde Tag, und er erkundigte sich bei Maria und Marta: „Ist schon irgendetwas von Jesus zu sehen? Ist er da? Habt ihr was gehört?"

Die Antwort war immer die gleiche: „Nein." Keine Nachricht. Kein Lebenszeichen. Nichts von ihm zu sehen.

Lazarus, der kranke Freund, hörte kein Wort von Jesus. In seinen letzten Stunden trieb ihn die Frage um, wo Jesus denn blieb.

Bin ich ihm überhaupt wichtig?, fragte sich Lazarus.

Sind wir ihm überhaupt wichtig?, fragten sich seine Schwestern.

„In Betanien berichtete man Jesus, dass Lazarus schon vier Tage im Grab lag" (Vers 17).

Jesus war nicht nur *nicht* an das Sterbebett von Lazarus geeilt, er war auch nicht zu dessen Beerdigung erschienen. Und er hatte nicht nur die Beerdigung knapp verpasst, sondern kam auch noch vier Tage zu spät.

Marta hielt mit ihrer Meinung nicht hinter dem Berg: „Herr, wärst du hier gewesen, wäre mein Bruder nicht gestorben" (Vers 21). Doch dann riss sie sich zusammen. „Aber auch so weiß ich, Gott wird dir alles geben, was auch immer du ihn bittest" (Vers 22).

Marta war zutiefst traurig und verzweifelt. Marta war das für Jesus, was Ihre trauernde oder notleidende Freundin für Sie ist. Wie sollen wir reagieren, wenn unser bester Freund am Boden zerstört ist? Wenn unsere Nachbarin verzweifelt? Wenn die Frau auf der Beerdigungsfeier glaubt, Gott habe sie vergessen? Was sollen wir in solchen Situationen tun?

Jesus sah Marta in die Augen und sagte die folgenden kernigen Worte: „Ich bin die Auferstehung und das Leben ... Glaubst du das, Marta?" (Verse 25–26). In der Bibel wird eine solche Antwort oft auch als Ermahnung bezeichnet. Paulus weist zum Beispiel in seinem Brief an die Gemeinde in Rom darauf hin, dass wir uns „gegenseitig ermahnen" sollen (Römer 15,14; Hfa).

Ermahnung ist eine geballte Form der Ermutigung. Das Wort bedeutet auch so viel wie „eindringlich erinnern"[1]. Ermahnen bedeutet also, dass wir unserem Gegenüber etwas eindringlich in Erinnerung rufen. Dabei kann es sich um eine Zurechtweisung, eine Ermutigung oder auch eine Bestätigung handeln. Es kann dabei auch um Lob oder Korrektur gehen. Aber vor allem bedeutet Ermahnung, dass wir in schwierigen Situationen die Wahrheit sagen. Ermahnung ist gewissermaßen das Chlor der Wahrhaftigkeit für die Algen der Schwierigkeiten.

Ermahnung bedeutet, dass man den Mund aufmacht. Ja, wir halten die Hand dessen, der ins Straucheln geraten ist. Ja, wir bringen demjenigen Wasser, der durstig ist. Ja, wir geben der Person zu essen, die Hunger hat. Und ja, ja, ja, wir ermutigen die Menschen, die verzweifelt sind.

Können wir es wagen, untätig danebenzusitzen, während Satan seine Lügen verbreitet? Auf keinen Fall! Zücken Sie Gottes Schwert – das Wort Gottes – und schwingen Sie seine glänzende Klinge im Angesicht des Teufels. „Noch ein Wort zum Schluss: Werdet stark durch den Herrn und durch die mächtige Kraft seiner Stärke! Legt die komplette Waffenrüstung Gottes an, damit ihr allen hinterhältigen Angriffen des Teufels widerstehen könnt. ... Setzt den Helm eurer Rettung auf und nehmt das Wort Gottes, euer Schwert, das der Geist euch gibt" (Epheser 6,10–11.17).

Wenn Sie angesichts von Schmerz, Zweifel oder Unglück aus der Bibel vorlesen oder zitieren, benutzen Sie eine Waffe des Geistes. Das ist, als würde das Schwert Gottes die Fesseln Satans durchtrennen und den Gefangenen befreien. „Das Wort Gottes ist lebendig und wirksam. Es ist schärfer als das schärfste Schwert und durchdringt unsere innersten Gedanken und Wünsche. Es deckt auf, wer wir wirklich sind, und macht unser Herz vor Gott offenbar. Nichts in der ganzen Schöpfung ist vor ihm verborgen. Alles ist nackt und bloß vor den Augen Gottes, dem wir für alles Rechenschaft ablegen müssen" (Hebräer 4,12–13).

Ermahnung, die auf dem Wort Gottes basiert, ist wie eine antibakterielle Salbe. Wir wissen vielleicht nicht, auf welche Weise sie die Wunde heilt, aber wir wissen, dass sie es tut.

Wenden Sie sie an, und sehen Sie zu, was passiert. Wie wäre es, wenn Sie im Gespräch mit anderen sagen: „Ich kennen da einen Bibelvers, der vielleicht hilft."

Oder: „Es gibt da eine Bibelstelle, die mir viel bedeutet."
Oder: „Darf ich dir eine Bibelstelle vorlesen?"
Verse, auf die ich persönlich immer zurückgreife, sind zum Beispiel:

Wenn Gott für uns ist, wer kann da noch gegen uns sein? (Römer 8,31).

Ich bin ganz sicher, dass Gott, der sein gutes Werk in euch angefangen hat, damit weitermachen und es vollenden wird bis zu dem Tag, an dem Christus Jesus wiederkommt (Philipper 1,6).

Gott hat gesagt: „Ich werde dich nie verlassen und dich nicht im Stich lassen" (Hebräer 13,5).

Am vergangenen Sonntag traf ich nach dem Gottesdienst den zehnjährigen Joshua. Seine Mutter, die neben ihm stand, erklärte mir, dass Joshuas Vater nicht mehr mit ihnen zusammenlebte. Der Junge sah mich mit traurigen, tränennassen Augen an. Ich beugte mich zu Joshua hinunter und fragte ihn: „Kennst du die Geschichte deines Namensvetters?" Er nickte. „Du wirst das tun, was er getan hat", ermahnte ich ihn. „Du wirst Jerichos Mauern zum Einsturz bringen und Gebete voller Glauben sprechen." Er war sich nicht sicher, was er darauf entgegnen sollte. Und seine Mutter? Sie wischte sich die Tränen aus den Augen.

Menschen, die leiden, brauchen nicht unsere Meinung. Sie müssen nicht wissen, welche Philosophie wir zum Thema „Leid" vertreten. Sie brauchen auch niemanden, der sie mit leerem Geschwätz über Wetter und Politik ablenkt. Sie brauchen jemanden, der sie ermahnt und an das erinnert, was in der Bibel steht.

Meine Frau Denalyn versteht sich hervorragend darauf. Gestern Abend sah ich, wie sie einer Freundin, die auf der Arbeit eine Menge Kritik zu hören bekam und deshalb sehr frustriert war, Nachrichten schrieb. Denalyn überschüttete sie zur Ermutigung regelrecht mit biblischer Wahrheit:

Jesus kann Berge versetzen, also kann und wird er sich auch für dich einsetzen! Er liebt dich. Lass dir von ihm Liebe und Kraft schenken. Zweifle nicht länger am König der Könige und Lehrer aller Lehrer. Vertraue auf ihn, und geh diese Situation in der Auferstehungskraft an, die dir aufgrund dessen, was Jesus für dich getan hat, zur Verfügung steht. Er ist wirklich der, der er zu sein behauptet. Glaube ihm! Gott deckt unsere Schwächen auf, damit wir uns Hilfe suchend an ihn wenden und uns von ihm Ruhe und Hoffnung geben lassen. Er will, dass du zu ihm kommst und dir nicht länger schreckliche Szenarien ausmalst. Hat er dich nicht bis zu diesem Punkt geführt? Der Schöpfer der Welt steht dir bei. Er ist für dich, nicht gegen dich. Vertraue ihm! Bete ihn an! Lobe ihn, bete zu ihm, und er wird deine Situation zum Guten wenden.

Würde eine solche Nachricht Sie nicht auch aufbauen?

Verbreiten Sie Worte der Hoffnung und sprechen Sie Gebete des Glaubens. „Gebete, die in festem Vertrauen gesprochen werden, werden die Kranken wiederherstellen und sie *wieder gesund machen. Der Herr wird* [die Kranken] *vom*

Boden der Verzweiflung aufheben" (Jakobus 5,15; nach der englischen Übertragung *The Voice*, Hervorhebungen des Autors).

Gebete, die in festem Vertrauen gesprochen werden – das sind Gebete, in denen wir uns wieder an das erinnern, was Gott tun kann. Solche Gebete laden Gott ein, in diese turbulenten Zeiten unseres Lebens einzugreifen.

Dennis McDonald lebt diese Art der Ermutigung vor. Er war viele Jahre lang der Krankenhauskaplan unserer Kirche. Gelegentlich habe ich ihn begleitet, wenn er Kranke besucht hat. Ich war immer verblüfft, wie sehr er sich veränderte, wenn er im Dienst war. Manchmal gingen wir einen Gang entlang und plauderten übers Wetter oder ein Golfturnier. Aber sobald er ein Zimmer betrat, machte er sich an die Arbeit. Er ging zum Krankenbett und beugte sich dicht über den Patienten. Dann sagte er so etwas wie: „Ich bin Dennis, und ich bin gekommen, um für Sie zu beten und Sie zu ermutigen. Gott ist mächtiger als Ihre Krankheit. Gott kann Ihren Körper heilen. Aber egal, wie diese Sache ausgeht: Gott wird Sie durch diese Situation hindurchtragen."

Dann salbte Dennis den Kranken mit Öl und betete: „Herr, du liebst XXX und wir lieben ihn auch. Schenke ihm Heilung. Hilf ihm, den Lügen des Teufels keinen Glauben zu schenken, der ihm einreden will, dass seine Situation aussichtslos sei. Du hast dein Blut für XXX gegeben und er ist dein geliebtes Kind. Wir beten in Jesu Namen, Amen."

Das ist meines Erachtens die Aufgabe der Gemeinde: Nachfolger Jesu, die den Weg aus den Augen verloren haben, an der Hand zu nehmen und sie wieder zum Glauben zurückzuführen.

Vor einigen Jahren habe ich das einmal hautnah in einem Gottesdienst erlebt. Wir beschäftigten uns gerade mit der Verheißung aus Offenbarung 19,7:

Lasst uns fröhlich sein und jubeln und ihn ehren. Denn die Zeit für das Hochzeitsmahl des Lammes ist gekommen, und seine Braut hat sich vorbereitet.

Während ich eine Predigt über die Braut Christi schrieb, dachte ich: *Wäre es nicht ein toller Abschluss für meine Predigt, wenn wir wirklich eine Braut hereinbitten würden?* Ohne dass die Gemeinde davon wusste, suchten wir eine Freiwillige und kleideten sie in ein Hochzeitskleid mit Schleppe und einem Schleier, der ihr Gesicht bedeckte. Zum passenden Zeitpunkt gab ich den Musikern ein Zeichen, und sie begannen, ein Lied zu spielen. Wir dimmten das Licht, ich bat die Gemeinde aufzustehen, und dann betrat die Braut den Saal.

Sie betrat den Saal ... und stieß geradewegs gegen die letzte Bankreihe. Damit hätte ich eigentlich rechnen müssen, denn der Schleier nahm ihr schließlich die Sicht. Die Braut raffte sich auf und versuchte es noch einmal ... und stieß gegen die nächste Reihe. Sie ging noch ein Stück und stieß dabei links und rechts an, bis sich schließlich ein paar Gemeindemitglieder erbarmten und sie zum Altar führten.

Ich hatte eigentlich vorgehabt, die Schönheit der Braut Christi zu veranschaulichen. Letztlich machte ich der Gemeinde jedoch deutlich, wie nötig wir alle Ermahnung brauchen. Auch wir stolpern von einer Seite auf die andere. Auch wir haben Schwierigkeiten, unseren Weg zu finden.

Jeder von uns braucht früher oder später einmal jemanden, der dafür sorgt, dass er in der Spur bleibt.

Schließlich stand die Braut vor dem Altar, umgeben von einem halben Dutzend kichernder Helfer.

Vielleicht ist dies ja ein Bild für das, was uns alle erwartet. Wenn wir an jenem großen Tag vor Jesus stehen, werden wir dankbar sein für den Einfluss derjenigen, die aufgestanden sind und etwas Ermutigendes oder Korrigierendes gesagt haben.

Sie können das Gleiche für andere tun. Haben Sie keine Angst. Schließlich sind Sie ein Botschafter Christi, und ein Botschafter kann ja die Nachricht nicht zurückhalten. Sie sind ein Kind Gottes, und ein Kind steht immer zu seinem guten Vater. Sie sind ein Miterbe Christi – kann der Erbe schweigen und anderen den Segen vorenthalten, der auch sie erwartet?

Natürlich nicht. Also habe ich es auch nicht getan. Erinnern Sie sich noch an die traurige Frau, von der ich Ihnen erzählt habe? Sie sagte: „Ich werde jeden Moment älter und kränker. Ich glaube, Gott ist fertig mit mir." Ich war versucht, die Bemerkung zu übergehen. Schließlich kannte ich die Frau nicht und sie kannte mich ebenfalls kaum. Außerdem saßen noch andere Personen in dem Auto. Aber irgendetwas trieb mich dazu, doch etwas zu entgegnen. Also wandte ich mich ihr zu und sah sie an. „Sagen Sie so was nicht", drängte ich sie. „Gott ist noch nicht fertig mit Ihnen. Er ist Ihr Vater. Er liebt Sie. Er ist Ihr Hirte. Er führt Sie. Gott hatte schon alle Tage Ihres Lebens in sein Buch geschrieben – noch bevor einer von ihnen begann! Sie können Ihr Leben nicht verlängern, aber Sie können in gewissem Sinne beeinflussen, wie gut es ist. Und vor allem hält Gott Sie in seiner liebenden Hand."

„Das sage ich ihr auch immer", fügte ihr Mann hinzu.

Tränen traten ihr in die Augen. „Ist das wirklich so?", fragte sie mich.

„Ja, das ist es", versicherte ich ihr.

Einige Augenblicke lang sagte niemand ein Wort. Das Auto fuhr auf den Friedhof und hielt am Wegrand an. Als wir ausstiegen, beschloss sie: „Ich werde Gott vertrauen."

Ich hoffe, dass sie es tat und dass wir es auch tun.

Nachdem Jesus Marta ermahnt hatte, tat er das Unvorstellbare: Er ging zum Grab, weinte um seinen Freund und rief dann dem toten Lazarus zu, er solle herauskommen. Und Lazarus kam heraus! Er verließ das Grab. Aber glauben Sie ja nicht, dass Lazarus an diesem Tag das einzige Wunder war. Jesus hatte zwar ihren Bruder von den Toten auferweckt, aber er hatte auch Martas Herz aus der Verzweiflung auferweckt. Und beides tat er mit machtvollen Worten.

Kapitel 10

Fertiggemacht

Seid vielmehr freundlich und barmherzig und vergebt einander, so wie Gott euch durch Jesus Christus vergeben hat.
Epheser 4,32 (Hfa)

Dies ist die Geschichte von Bully. Das ist nicht sein richtiger Name, aber ich darf den wahren nicht verraten, denn die Geschichte ist nicht besonders schmeichelhaft. Außerdem passt der Name zu ihm. In der Highschool pflügte er beim Football wie ein Bulldozer durch die gegnerischen Verteidigungslinien und beim Baseball donnerte er einen Ball nach dem anderen über den Zaun.

Bully beherrschte den Schulhof. Er war grobschlächtig und muskulös, hatte Arme wie ein Gorilla und brüllte seine Gegner wie ein Löwe an. Die meisten von uns machten einen großen Bogen um ihn. Aber eines Freitagabends lief ich ihm doch über den Weg. Einige von uns hingen auf dem Parkplatz eines Supermarktes herum. Bully passte irgendetwas nicht, das ich gesagt oder wie ich es gesagt hatte. Mit genügend Promille im Blut und der Unterstützung seiner Kumpel packte er mich, schubste mich durch die offene Tür in ein Auto und machte sich daran, meinen Kiefer zu bearbeiten. Bully und Max – das war, als würde sich ein Grizzly auf ein Eichhörnchen stürzen. Er drosch so lange auf mein Gesicht ein, bis ihn ein paar der Jungs von mir wegzerrten. Ich kletterte aus dem Auto und verdrückte mich mit eingezogenem Schwanz – mein Gesicht war verletzt und mein Stolz noch mehr.

Ich grübelte das ganze Wochenende über sein Verhalten nach. Was hatte ich falsch gemacht? Hätte ich mich wehren sollen? Sollte ich ihn konfrontieren? Würde er noch mal auf mich losgehen? Ich überlegte genau, was ich am Montag zu ihm sagen würde. Ich musste zwar einiges an Mut aufbringen, aber ich stellte ihn zwischen zwei Unterrichtsstunden auf dem Gang zur Rede.

„Warum bist du am Freitag auf mich losgegangen?"

Er grinste mich frech an. „Ich erinnere mich gar nicht mehr daran. Ich war betrunken." Und weg war er. Diese Erklärung schmerzte noch mehr als seine Fäuste. Ich war gar nicht sein Feind. Ich war nur zufällig da gewesen.

Bully selbst habe ich seit Jahrzehnten nicht mehr gesehen. Aber ich sehe solche Typen wie ihn fast jede Woche. Als die junge Frau mir erzählte, dass ihr Mann sie misshandelte, musste ich an Bully denken. Als ich von dem Kind las, das in der Schule gemobbt wurde, kam mir Bully in den Sinn. Ein Unternehmen übernahm eine kleine Firma, räumte auf und setzte alle Mitarbeiter auf die Straße. Bully.

Jeder von uns hat vermutlich einen solchen Bully in seinem Leben. Oder sogar zwei oder zehn. Mein Bully war vielleicht nur eine Nervensäge im Vergleich zu Ihrem. Ihr Bully war vielleicht Ihr Vater, der jeden Tag auf Sie losgegangen ist. Oder Ihr Bully hat „Ich liebe dich" gesagt, als Sie noch jung und rank und schlank waren, und „Ich will dich nicht mehr", als Sie älter und etwas rundlicher waren. Ihr Bully hat Sie aus reiner Boshaftigkeit fallen lassen. Ihr Bully hat Sie betrogen. Ihr Bully hat Sie im Stich gelassen.

Sie wurden fertiggemacht.

Vielleicht ist das Leben für Sie trotz dieser Erfahrung weitergegangen. Falls nicht, sollten Sie sich die Frage stellen, ob Sie glücklich sind. Missgunst raubt unserer Seele Zufriedenheit. Bitterkeit frisst sie auf. Vergeltung ist ein unersättliches Ungeheuer. Ein Akt der Vergeltung ist nie genug. Ein Tropfen Blut stellt nie zufrieden. Wenn wir nicht dagegen angehen, geraten wir durch den Groll in einen Teufelskreis, der uns immer weiter nach unten zieht.

Ihr Bully hat Ihnen viel genommen. Werden Sie zulassen, dass er Ihnen noch mehr nimmt? Wenn Sie ständig darüber nachgrübeln, könnte das schlimme Auswirkungen haben. Wird Ihr Leben süßer, wenn Sie sauer sind? Wird es schöner, wenn Sie mürrisch sind?

„Der Ärger ist ein Freund der Dummköpfe" (Prediger 7,9).

Manche Menschen verlassen den Weg der Vergebung, weil er ihnen zu steil erscheint. Seien wir mal realistisch: Wenn wir vergeben, bedeutet das nicht, dass wir behaupten, die Tat sei nie passiert. Und wir entschuldigen oder ignorieren das Geschehene auch nicht. Vergebung ist nicht das Gleiche wie Versöhnung. Vergebung ist nicht erst dann möglich, wenn wir die Beziehung zum Übeltäter wiederhergestellt haben – was auch nicht immer möglich ist. Und der

Ausspruch „Vergeben und vergessen" legt die Messlatte unerreichbar hoch. Schmerzhafte Erinnerungen sind nicht wie alte Kleidung. Man kann sie nicht einfach ablegen.

Vergebung bedeutet nur, dass Sie Ihre Haltung zu der Person verändern, die Sie verletzt hat. Sie bemühen sich darum, das Verlangen abzulegen, dem anderen ebenfalls Schmerzen zuzufügen, und sind offen dafür, Frieden zu schließen. Ein Schritt in Richtung Vergebung ist ein entscheidender Schritt in Richtung Glücklichsein.

Wissenschaftler der Duke University haben eine Liste mit acht Faktoren aufgestellt, die die emotionale Stabilität fördern, und vier davon stehen im Zusammenhang mit Vergebung.

1. Vermeiden von Misstrauen und Ressentiments.
2. Nicht in der Vergangenheit leben.
3. Weder Zeit noch Energie darauf verschwenden, sich gegen Umstände zu wehren, die man nicht ändern kann.
4. Nicht in Selbstmitleid verfallen, wenn man schlecht behandelt wird.[1]

In einer Abhandlung mit dem Titel „Vergebung gewähren oder Groll hegen" berichten Forscher davon, dass Teilnehmer einer Studie dazu aufgefordert wurden, an eine Person zu denken, die ihnen Schaden zugefügt hat. Allein der Gedanke an den „Täter" oder die „Täterin" verursachte bereits feuchte Hände, Anspannung in der Gesichtsmuskulatur, einen beschleunigten Puls und steigenden Blutdruck. Als die Probanden dann die Anweisung erhielten, über die Möglichkeit der Vergebung nachzudenken, reduzierten sich die gerade genannten körperlichen Symptome wieder.² Erst wenn wir bereit sind zu vergeben, werden (psychische) Gesundheit und ein Gefühl von Glück und Zufriedenheit wirklich Einzug halten.

Es ist also kein Wunder, dass sich in der langen Liste der „einander"-Verse auch der Punkt „Vergebung" befindet. „Seid vielmehr freundlich und barmherzig und vergebt einander, so wie Gott euch durch Jesus Christus vergeben hat" (Epheser 4,32; Hfa).

Und Paulus tut es schon wieder: Es genügte ihm nicht zu sagen: „Vergebt einander, wenn euer Gewissen euch das sagt" oder: „soweit ihr euch damit gut fühlt" oder: „soweit es sinnvoll ist". Nein, Paulus tut das, was er so gern tut: Er gibt uns Jesus als Maßstab vor. „... vergebt einander, so wie Gott euch durch Jesus Christus vergeben hat."

Lassen Sie uns die Briefe verlassen und nach vorn blättern zu den Evangelien, um dort nach einer Begebenheit zu suchen, in der davon berichtet wird, dass Jesus anderen vergeben hat. Wir haben kaum die letzten Seiten des Johannesevangeliums aufgeschlagen, da stoßen wir auch schon auf das erste Beispiel. In der Geschichte geht es um eine Schüssel mit Wasser, ein Handtuch, ein Dutzend Paar dreckige Füße und zwölf Jünger:

Jesus aber wusste, dass der Vater ihm uneingeschränkte Macht über alles gegeben hatte und dass er von Gott gekommen war und zu Gott zurückkehren würde. Er stand vom Tisch auf, zog sein Obergewand aus, band sich ein Handtuch um die Hüften und goss Wasser in eine Schale. Dann begann er, seinen Jüngern die Füße zu waschen und sie mit dem Handtuch abzutrocknen, das er sich umgebunden hatte (Johannes 13,3–5).

Das Ganze ereignete sich am Vorabend der Kreuzigung während der letzten Mahlzeit, die Jesus mit seinen Jüngern einnahm. Johannes war wichtig, dass wir wissen, was Jesus zu diesem Zeitpunkt wusste. Jesus wusste, dass er alle Autorität hatte. Er wusste, dass er vom Himmel gekommen war. Er wusste, dass er für den Himmel bestimmt war. Jesus kannte seine Identität und seine Bestimmung. Und weil er wusste, wer er war, konnte er tun, was er tat.

„Er stand vom Tisch auf" (Vers 4). Als Jesus aufstand, sahen die Jünger sicher auf. Sie dachten vielleicht, Jesus würde sie jetzt etwas lehren. Das tat er auch, aber nicht mit Worten.

Er „zog sein Obergewand aus" (Vers 4). Sogar das einfache, nahtlose Gewand eines Rabbi behinderte ihn zu sehr bei dem, was er jetzt vorhatte.

Jesus hängte sein Gewand an einen Haken und band sich ein Tuch um. Dann nahm er einen Wasserkrug und goss dessen Inhalt in eine Schüssel. Mittlerweile waren alle Gespräche verstummt – das einzige Geräusch, das man vernahm, war das Plätschern des Wassers, als Jesus die Schüssel füllte.

Anschließend hörte man, wie er die Schüssel auf den Boden stellte. Dann das Rascheln der Lederriemen, als er dem ersten der zwölf Jünger die Sandalen aufband und auszog. Es erklang ein weiteres Plätschern, als Jesus zwei schmutzige Füße in das Wasser stellte. Er massierte die Zehen. Er umschloss die verkrusteten Fersen mit den Händen. Er trocknete die Füße mit seinem Handtuch ab. Dann erhob er sich, goss das schmutzige Wasser weg, füllte die Schüssel neu und wiederholte die Prozedur mit dem nächsten Paar Füße.

Plätschern. Waschen. Massieren. Abtrocknen.

Was meinen Sie, wie lange hat dieses Waschen der Füße gedauert? Mal angenommen, Jesus brauchte zwei oder drei Minuten pro Fuß – dann war er grob geschätzt etwa eine Stunde lang damit beschäftigt. Und machen Sie sich jetzt noch bewusst, dass das die letzten Minuten waren, die Jesus mit seinen Jüngern verbringen würde. Wenn wir die drei Jahre, die er gemeinsam mit ihnen unterwegs war, mithilfe einer Sanduhr messen würden, dann würden gerade die letzten Körnchen hindurchrieseln. Und Jesus beschloss, diese letzten Minuten in einen stillen Akt der Demut zu investieren.

Niemand sagte ein Wort. Das heißt, niemand außer Petrus, der ja immer etwas zu sagen hatte. Als er ablehnen wollte, beharrte Jesus dennoch darauf und gab ihm in aller Deutlichkeit zu verstehen: „Wenn ich dich nicht wasche, gehörst du nicht zu mir" (Vers 8).

Daraufhin bat Petrus um ein Vollbad.

Später in dieser Nacht sollten die Jünger begreifen, welche Tragweite diese Geste besaß. Sie hatten fest versprochen, ihrem Herrn treu zur Seite zu stehen, aber dieses Versprechen schmolz wie Wachs in der Hitze der römischen Fackeln. Als die Soldaten anrückten, nahmen die Jünger Reißaus.

Ich stelle mir gern vor, dass sie rannten, bis sie schließlich vor Erschöpfung zu Boden fielen und die Köpfe in den schmutzigen Sand sinken ließen. Da erinnerten sie sich daran, dass Jesus ihnen erst vor wenigen Stunden die Füße gewaschen hatte. Und in diesem Augenblick begriffen sie, dass er ihnen vergeben hatte, noch bevor sie überhaupt wussten, dass sie Vergebung brauchen würden.

Jesus vergab seinen Verrätern, bevor sie ihn verrieten.

Hat er für uns nicht das Gleiche getan? Ja, wir wurden alle schon mal schlecht behandelt, aber wir sind auch alle schon in den Genuss einer „Schüssel Wasser" gekommen. Wir wurden verletzt, vielleicht sogar sehr. Aber wurde uns nicht schon im Voraus vergeben? Noch bevor wir wussten, dass wir Vergebung brauchen, wurde sie uns schon gewährt.

Im Himmel muss es ein riesiges Lager mit Regalen voller Waschschüsseln geben. Auf jeder Schüssel steht ein Name. Auf einer besonders abgenutzten Schüssel steht „Max". Jeden Tag schickt Jesus mehrfach einen Engel los, um sie zu holen. „Lucado muss wieder gewaschen werden." Der Engel fliegt zum Lager und meldet es dem dortigen Verwalter. „Schon wieder?", fragt dieser. „Ja, schon wieder", bestätigt der Engel. Der Engel nimmt die Schüssel und bringt sie Christus. Dieser nimmt das Gefäß, füllt es mit reinigender Gnade und wäscht meine Sünde ab. All meine Vergehen sinken wie Schlamm auf den Boden der Schüssel und dann kippt Jesus sie weg.

Haben Sie schon einmal darüber nachgedacht, wie oft er Sie wäscht?

Nehmen wir einmal an, ich käme irgendwie an das Video Ihres Sündenregisters. Jeder Fehltritt, jeder böse Gedanke, jedes unbesonnene Wort. Würden Sie wollen, dass ich es auf einer Leinwand zeige? Auf gar keinen Fall. Sie würden mich anflehen, es nicht zu tun. Und ich würde Sie anflehen, meines nicht zu zeigen.

Keine Angst. Ich besitze dieses Video natürlich nicht. Aber Jesus schon. Er hat es bereits gesehen. Er hat jeden hinterhältigen Augenblick unseres Lebens gesehen. Und er hat beschlossen: „Meine Gnade ist alles, was sie brauchen. Ich kann diese Menschen reinwaschen. Ich werde ihre Vergehen abwaschen." Deshalb sollten wir das Obergemach der Vergebung zu unserem festen Wohnsitz machen.

Der Apostel Johannes war ein Verfechter des Gedankens, dass wir uns immer wieder von Jesus Christus reinigen lassen sollten:

Wenn wir wie Christus im Licht Gottes leben, dann haben wir Gemeinschaft miteinander, und das Blut von Jesus, seinem Sohn, reinigt uns von jeder Schuld (1. Johannes 1,7).

Doch wenn wir ihm unsere Sünden bekennen, ist er treu und gerecht, dass er uns vergibt und uns von allem Bösen reinigt (1. Johannes 1,9).

Jesus wäscht unsere Schuld von uns ab. Er wusste, dass wir unsere Versprechen nicht halten würden. Er wusste, dass wir uns aus Scham in ein finsteres Loch verkriechen würden. Er wusste, wir würden den Kopf in den Sand stecken.

Das ist auch der Kontext, in dem Paulus uns auffordert, dem Beispiel von Jesus zu folgen und anderen mit Vergebung zu begegnen, statt Vergeltung zu fordern. Wir sollten aber nicht etwa deshalb gnädig sein, weil der Bully in unserem Leben es verdient hätte, sondern weil uns Gnade gewährt wurde. „... vergebt einander, so wie Gott euch durch Jesus Christus vergeben hat" (Epheser 4,32; Hfa).

Jesus hat sich ein Handtuch umgebunden, trägt die mit Wasser gefüllte Schüssel in der Hand und sagt zu seiner Kirche: „So machen wir das."

„Und weil ich, der Herr und Meister, euch die Füße gewaschen habe, sollt auch ihr einander die Füße waschen. Ich habe euch ein Beispiel gegeben, dem ihr folgen sollt. Tut, was ich für euch getan habe" (Johannes 13,14–15).

Sollen die anderen doch zanken und streiten – wir tun das nicht.

Sollen die anderen sich doch rächen – wir tun das nicht.

Sollen die anderen doch nachtragend sein – wir sind das nicht.

Wir nehmen das Handtuch. Wir gießen Wasser in die Schüssel. Wir waschen einander die Füße.

Jesus konnte das tun, weil er wusste, wer er war – vom Himmel gesandt und für den Himmel bestimmt. Und Sie? Wissen Sie, wer Sie sind? Sie sind das Kind eines guten Gottes und wurden nach seinem Bild erschaffen. Sie sind dazu bestimmt, in einem ewigen Königreich zu herrschen. Sie sind nur einen Wimpernschlag vom Himmel entfernt.

Wenn Sie sich bewusst sind, wer Sie sind, werden Sie auch in der Lage sein, das zu tun, was Jesus tat. Legen Sie das Obergewand aus vermeintlichen Vorrechten und Erwartungen ab, und tun Sie das Mutigste, was Sie tun können: Waschen Sie Füße.

„Seid ... barmherzig und vergebt einander" (Epheser 4,32; Hfa).

Barmherzig: bereit für Veränderung, sanft, freundlich, entgegenkommend.

Hartherzig: kalt, hart, unnachgiebig.

Welche Begriffe beschreiben Sie?

Der Neffe eines Freundes hat vor Kurzem ein neues Haus gekauft. Er war begeistert. Frisch verheiratet, neuer Job, neuer Lebensabschnitt. Alles sah gut aus, bis man entdeckte, dass es am Fundament des Hauses Probleme gab. Der Bauherr entdeckte einen Rohrbruch. Um das schadhafte Rohr zu erreichen, meißelte der Installateur daraufhin in einem der Badezimmer ein großes Loch in den Boden und reparierte es. Das Unternehmen, das das Fundament reparieren sollte, grub einen Zugang unters Haus, um das Loch anschließend wieder mit Beton zu füllen. Als eine Wagenladung Beton nicht genügte, gossen sie eine zweite in das Loch.

Als der Hausbesitzer später von der Arbeit kam, ließ sich die Tür nicht öffnen. Rasch fand man heraus, dass man vergessen hatte, das Loch im Badezimmer zu verschließen. Der Beton war daher nicht nur ins Fundament gegossen worden, sondern ergoss sich auch ins Haus. Als der Neffe meines Freundes schließlich das Haus wieder betreten konnte, musste er feststellen, dass alle Möbel einbetoniert waren und die Toilette aussah, als sei sie für Menschen ohne Beine gemacht. Er konnte den Arm problemlos auf den oberen Türrahmen einer 2,73 Meter hohen Tür legen.

Während sie nicht hingeschaut hatten, war das Innere ihres Hauses gewissermaßen hart geworden.

Das Gleiche kann auch mit unserem Herz passieren. An dieser Stelle will ich eines klarstellen: Ich will den Täter nicht in Schutz nehmen oder das, was jemand Ihnen angetan hat, nicht leugnen oder den Schmerz herunterspielen. Die Frage ist nicht, *ob* Sie verletzt wurden. Die Frage ist, ob Sie zulassen, dass der Schmerz Sie innerlich hart macht, Sie abstumpft, Ihnen alle Freude raubt.

Wären Sie nicht lieber barmherzig und würden einander vergeben?

Die folgenden Schritte können Ihnen dabei vielleicht eine Hilfe sein:

Finden Sie heraus, was Sie vergeben müssen. Seien Sie dabei so konkret wie möglich. Nähern Sie sich dem Problem, bis Sie das Verhalten benennen können. „Er hat sich wie ein Idiot benommen" ist zu oberflächlich. „Er hat versprochen, die Arbeit im Büro zu lassen und zu Hause für mich da zu sein" schon besser.

Fragen Sie sich, warum es wehgetan hat. Warum schmerzt diese Sache so? Was genau hat Sie verletzt? Fühlen Sie sich verraten? Ignoriert? Isoliert? Geben Sie sich Mühe, eine Antwort zu finden, und bevor Sie Ihre Wut oder Enttäuschung dann an dem Übeltäter auslassen:

Bringen Sie das Problem zu Jesus. Niemand wird Sie jemals so lieben wie er. Nutzen Sie diese Verletzung als Gelegenheit, Ihrem Retter näherzukommen. Fühlen Sie sich unglücklich, weil Ihnen etwas zugestoßen ist und Sie nicht bereit sind, Ihrem Gegenüber zu vergeben? Raubt Ihnen dieses Ereignis Ihren inneren Frieden? Wenn Sie diese Fragen mit Ja beantwortet haben, sollten Sie den ersten Schritt in Richtung Vergebung unternehmen: Sprechen Sie mit Jesus über die Verletzung, bis Sie merken, dass die Wut nachlässt. Und wenn Sie spüren, dass sie wieder in Ihnen hochkommt, dann wenden Sie sich einfach erneut an ihn.

Und falls Sie sich irgendwann sicher fühlen:
Sagen Sie der Person, dass sie Sie verletzt hat und wodurch. Bringen Sie Ihre Klage mit einem kühlen Kopf vor und mit dem einfachen Wunsch, das abzulegen, was Sie belastet. Seien Sie konkret, aber nicht zu dramatisch. Erklären Sie, was der oder die Betreffende getan hat und wie Sie sich dabei gefühlt haben. Das könnte zum Beispiel so klingen: „Wir hatten ausgemacht, dass unser Zuhause ein Rückzugsort sein soll. Aber es kommt mir so vor, als würdest du dich nach dem Abendessen in E-Mails und Projekten vergraben. Deshalb fühle ich mich in meinen eigenen vier Wänden einsam."

Wenn Sie Ihr Anliegen respektvoll und ehrlich vorbringen, kann das der erste Schritt zur Vergebung sein. Es ist nicht leicht, ein heikles Thema anzusprechen, schließlich legen Sie dabei die Kleidung eines Dieners an. Indem Sie das Problem jedoch ansprechen, geben Sie der Vergebung eine Chance, es aus der Welt zu schaffen.

Werden Sie Erfolg haben? Wird dieses Zeichen der Gnade das Problem wirklich lösen? Dafür gibt es keine Garantie. Doch ganz gleich, ob es ihm gelingt oder nicht, Ihr nächster Schritt besteht darin:

Beten Sie für die Person, die Sie verletzt hat. Man kann Versöhnung nicht erzwingen, aber man kann für den anderen beten. „Betet für die, die euch verfolgen!" (Matthäus 5,44). Wenn Sie für Ihr Gegenüber beten, kann das jedoch auch dazu führen, dass Sie erkennen, wo Sie noch Groll hegen. Und wenn Sie vor dem Gnadenthron stehen und merken, dass es Ihnen trotzdem schwerfällt, der Person zu vergeben, die Sie verletzt hat? Bitten Sie Jesus, Ihnen zu helfen.

Hier noch ein letzter Gedanke:

Tragen Sie die Verletzung zu Grabe. Ich meine nicht „begraben" im Sinne von „verdrängen". Man hat nichts gewonnen, wenn man negative Gefühle tief in sich vergräbt. Aber wenn man die Erinnerung an ein verletzendes Ereignis in einen Sarg legt (eine Schuhschachtel tut es auch) und sie auf dem Friedhof namens „Mein Leben geht weiter und ich kann diese Erfahrung hinter mir lassen" begräbt, kann etwas Wunderbares passieren. Nehmen Sie, symbolisch gesprochen, Ihren Hut ab und vergießen Sie eine letzte Träne. Wenn Sie spüren, dass die Wut wieder hochkommt, sagen Sie zu sich selbst: „Es wird Zeit, mutig in die Zukunft zu blicken."

Vor vielen Jahren kam einmal ein Mann zu mir, weil es Probleme mit dem Vorgesetzten seiner Frau gab. Er überschritt berufliche Grenzen, indem er zum Beispiel Überstunden verlangte und nur eine schlechte Vergütung anbot. Der Mann stellte ihn daraufhin zur Rede. Man muss dem Chef zugutehalten, dass er seinen Fehler eingestand und ihn wiedergutmachte.

Die Frau war dankbar – doch ihr Mann war immer noch wütend. Vielleicht lag es an seinem ausgeprägten Beschützerinstinkt, aber er war einfach nicht in der Lage, ihrem Chef zu vergeben. Da kam ihm eine Idee. Als er mich aufsuchte, brachte er eine Schachtel Streichhölzer und einen Brief mit. (Ich machte mir etwas Sorgen, als ich die Streichhölzer sah.) Er las mir diesen vor; er war an den „Übeltäter" gerichtet und enthielt eine Aufzählung seiner Untaten.

Dann bat mich der Mann, zu beten und Zeuge zu sein, wie er den Brief verbrannte, „bevor meine Wut mich verbrennt". Und genau das taten wir.

Vielleicht wollen Sie das auch einmal probieren.

Vergebung bedeutet, dass Sie die unverdient erhaltene Gnade auf Ihre unverdienten Verletzungen anwenden. Sie haben es nicht verdient, verletzt zu werden, aber Sie haben es auch nicht verdient, dass Ihnen vergeben wird. Da Sie Gottes große Gnade empfangen haben, ist es da nicht auch logisch, anderen gnädig zu sein?

General Oglethorpe hat einmal zu John Wesley gesagt: „Ich vergebe nie und ich vergesse nie." Darauf erwiderte Wesley: „Dann hoffe ich, dass Sie nie sündigen."[3]

Sie wurden nicht mit Vergebung besprengt. Sie wurden nicht mit Gnade bespritzt. Sie wurden nicht mit Güte besprüht. Sie wurden in Vergebung getaucht und mit Gnade übergossen. Können Sie, während Sie bis zu den Schultern in Gottes Meer der Gnade stehen, nicht einen Becher davon nehmen und jemand anders das Glück der Vergebung schenken?

Während ich dieses Buch schrieb, wurde die Welt schockiert Zeuge, wie 21 Christen wegen ihres Glaubens von IS-Terroristen getötet wurden. Zwei der getöteten Männer waren Brüder, 23 und 25 Jahre alt. In einem Interview wurde ein dritter Bruder gefragt, was er angesichts des Verlusts seiner Geschwister empfände. Er erwiderte:

„Der IS hat durch seine Tat unseren Glauben gestärkt. Ich danke dem IS dafür, dass er den Ton nicht abgeschaltet hat, als meine Brüder ihr Glaubensbekenntnis hinausschrien."

Er wurde gefragt, was seine Mutter tun würde, wenn sie das IS-Mitglied treffen würde, das ihre Söhne getötet hat.

„Sie sagte, sie würde ihn zu sich nach Hause einladen, weil

er uns geholfen hat, ins Himmelreich zu kommen. Das waren die Worte meiner Mutter."[4]

Wir sollten es genauso machen.

Wir führen ein glücklicheres Leben, wenn wir anderen die Vergebung schenken, die wir auch selbst bekommen haben. Es wird Zeit, dass wir dem Beispiel folgen, das Jesus uns damals dort im Obergemach gegeben hat. Es wird Zeit, dass wir vergeben, so wie Gott auch uns durch Jesus Christus vergeben hat.

Kapitel 11

Lass dich lieben und dann gib diese Liebe weiter

Liebe Freunde, weil Gott uns so sehr geliebt hat, sollen wir auch einander lieben.

1. Johannes 4,11

Jahrzehntelang pflegte Andrea Mosconi sechs Tage pro Woche jeden Morgen dieselbe Routine: Der italienische Maestro zog Krawatte und Mantel an und begab sich in das Violinenmuseum, das im Rathaus von Cremona beheimatet ist. Dort stellte er sich vor die aufwendig gesicherten Schaukästen und bewunderte einige der wertvollsten Musikinstrumente, die es auf diesem Planeten gibt. Sie sind für die Welt der Musik das, was die Unabhängigkeitserklärung für die USA ist: ein Relikt von unschätzbarem Wert.

In dem Museum gab es zwei Geigen und eine Bratsche, die von der Geigenbauerfamilie Amati gebaut worden waren, zwei Geigen von den Guarneris und die kostbarste aller Geigen, erschaffen von den Händen des Meisters höchstpersönlich: Antonio Stradivari.

Da die meisten dieser Musikinstrumente über 300 Jahre alt sind, verdienen sie besondere Aufmerksamkeit. Wenn sie nie berührt, nie gestimmt und nie gespielt werden, verlieren diese Instrumente ihren wunderbaren Klang. Deshalb gab es Mosconi. Seine Stellenbeschreibung bestand nur aus einem einzigen Satz: Machen Sie Musik. Und so holte er jeden Morgen, außer sonntags, und jeden Monat, außer im August, das Beste aus den Besten heraus.

Sanft und ehrfürchtig nahm er jedes der Instrumente aus seinem Glaskasten, spielte es sechs bis sieben Minuten lang und legte es dann zurück, bevor er das nächste Instrument in die Hand nahm. Wenn er mit seinem Tagewerk fertig war, hatte man im Museum die schönste Musik gehört, und die kostbarsten Instrumente hatten die liebevollste Fürsorge erfahren.[1]

Sie, Mosconi und ich haben etwas gemeinsam. Sie gehen vielleicht nicht jeden Tag in ein italienisches Museum. Ich halte nicht jeden Tag eine Stradivari in der Hand. Wir sind keine Konservatoren für Musikinstrumente. Nein, unsere Aufgaben sind viel wichtiger: Wir haben die Möglichkeit, das Beste aus Menschen herauszuholen. Was könnte mehr Freude machen?

Manche dieser Schätze befinden sich bei Ihnen im Haus; sie tragen den gleichen Nachnamen. In Ihren Augen sind das vielleicht diejenigen, die vergessen, das Geschirr zu spülen, oder diejenigen, die ihre getragene Kleidung immer auf den Boden werfen. Aber in Wirklichkeit sind diese Personen exakt gestimmte Instrumente, die Gottes Hand erschaffen hat. Sie sehen sie allerdings selten so. Schließlich haben sie einen schlechten Atem, schlechte Manieren und neigen zu schlechten Gewohnheiten. Aber wenn man sie sorgfältig behandelt, können sie die schönste Musik machen.

Ihr Museum beinhaltet auch jede Menge Personen, die in gewisser Weise „dienende" Funktion haben. Sie scannen Ihre Waren an der Supermarktkasse, sie korrigieren Ihre Tests, sie messen Ihren Blutdruck. Sie tragen Polizeiuniformen, fahren Lieferwagen und kommen, wenn das Netzwerk im Büro zusammenbricht. Sie bestehen aus einer bunten Mischung aus Menschen und fügen sich eher ein, als dass sie herausstechen. Sie würden vermutlich erröten, wenn man sie als Stradivari bezeichnen würde, aber genau das sind sie. Sie wurden von Gott einzigartig erschaffen und sind dazu bestimmt, in dieser Welt eine einzigartige Melodie zu spielen.

Alles, was sie brauchen, ist ein Mosconi, ein begabter Museumsdirektor, der sich der Aufgabe widmet, das Beste aus ihnen herauszuholen. Alles, was sie brauchen, ist jemand, der sich dem größten der „einander"-Gebote widmet: „Liebt einander" (nach 1. Johannes 4,11).

Machen Sie sich an dieser Stelle noch einmal bewusst, dass Gott uns einlädt, unser Glück auf ungewöhnlichem Wege zu finden. Die meisten Menschen schlagen jedoch lieber den breiten, bequemen Weg ein: Sie kaufen etwas, tragen etwas, heiraten jemanden, gewinnen etwas. Doch die Menschen, die den weniger frequentierten Weg einschlagen, akzeptieren, dass in Gottes Welt vieles auf den Kopf gestellt ist. Und deshalb gilt bei ihm: Glück hält bei uns Einzug, wenn wir es verschenken. Es geht weniger um das, was wir bekommen, als vielmehr um das, was wir geben.

Es geht weniger darum, geliebt zu werden, als vielmehr darum, andere zu lieben.

Wenn ich in die Bibel schaue, finde ich dort die Ermahnung, einander zu lieben, mindestens elfmal. Dreimal stammt sie von Jesus selbst (Johannes 13,34; 15,12.17), dreimal von Paulus (Römer 13,8; 1. Thessalonicher 3,12 und 4,9), einmal von Petrus (1. Petrus 1,22) und viermal vom Apostel Johannes (1. Johannes 3,11; 4,7+11 und 2. Johannes 5).

Agape, das griechische Wort für „Liebe", das in diesen Versen benutzt wird, beschreibt eine selbstlose Form der Liebe.[2] Agape-Liebe stellt einen Scheck aus, obwohl der Kontostand niedrig ist. Sie vergibt, obwohl die Schuld groß ist. Sie ist geduldig, wenn der Stress groß ist, und ist freundlich, wo Unfreundlichkeit herrscht. „Denn Gott hat die Welt so sehr geliebt [agapaó], dass er seinen einzigen Sohn hingab" (Johannes 3,16). Agape-Liebe gibt. Der Agape-Baum hat tiefe Wurzeln in den Boden der Hingabe geschlagen. Aber glauben Sie ja nicht, dass die Früchte sauer sind. Diejenigen, die bereit sind, sich um den Obstgarten zu kümmern, erwarten süße Freuden.

Fällt es Ihnen schwer, diese Art der Liebe aufzubringen? Glauben Sie, dass sie rar ist? Falls ja, haben Sie vielleicht einen Schritt ausgelassen. Andere zu lieben fängt nicht damit an, dass man Liebe gibt, sondern damit, dass man die Liebe Jesu annimmt. „So gebe ich euch nun ein neues Gebot: Liebt einander. So wie ich euch geliebt habe, sollt auch ihr einander lieben" (Johannes 13,34).

Der erste Teil des Satzes ist entscheidend: „So wie ich euch geliebt habe ..." Haben Sie sich von Gott lieben lassen? Bitte überspringen Sie diese Frage nicht. Haben Sie Gottes

Liebe in die hintersten Winkel Ihres Daseins dringen lassen? Gilt das, was Johannes schreibt, auch für Sie: „Wir haben erkannt [durch Erfahrung], wie sehr Gott uns liebt, und wir glauben an seine Liebe" (1. Johannes 4,16)?

Wenn Ihre Antwort „Äh, ich weiß nicht" lautet oder „Na ja, das ist schon eine Weile her" oder „Ich glaube nicht, dass Gott jemanden wie mich liebt", dann sind wir da über etwas Wichtiges gestolpert.

Wir lieben andere nicht, weil sie so liebenswert wären. (Nur der Mann meiner Frau ist immer liebenswert.) Die Menschen sind schlecht gelaunt, dickköpfig, egoistisch und grausam. Wir lieben die Menschen nur aus einem Grund: *Wir haben erlebt, wie sehr Gott uns liebt, und vertrauen darauf.* Wir sind die Nutznießer einer unerwarteten, unverdienten, aber unbestreitbaren Gabe – der Liebe Gottes.

Wir überspringen diesen Schritt gern. „Ich soll meine Nachbarn lieben? Na schön, dann mache ich das eben." Wir beißen die Zähne zusammen und verdoppeln unsere Anstrengungen, als könnten wir diese Liebe aus eigener Kraft generieren. Wenn wir nur gründlich suchen und kräftig genug wringen, kommen vielleicht noch ein paar Tropfen mehr Liebe aus uns heraus.

Das wird aber nicht passieren! Die Quelle der Liebe sprudelt nicht in uns. Nur wenn wir die Agape-Liebe unseres Vaters empfangen, können wir in uns die Agape-Liebe für andere entdecken.

Lassen Sie sich lieben. Und dann geben Sie diese Liebe weiter. Wir können nicht lieben, wenn wir nicht zuerst geliebt werden. Genauso wie verletzte Menschen andere

Menschen verletzen, lieben geliebte Menschen andere Menschen.

Lassen Sie sich von Gott lieben!

Entdecken Sie die reinste Quelle des Glücks: die Liebe Gottes – „eine Liebe, die größer ist, als ihr je begreifen werdet" (Epheser 3,19). Eine Liebe, die nicht durch den Empfänger bestimmt wird. Was Mose zum Volk Israel gesagt hat, sagt Gott auch zu uns: „Der Herr hat euch nicht erwählt und hält an euch fest, weil ihr größer oder bedeutender wärt als die anderen Völker – ihr seid sogar das unbedeutendste aller Völker –, sondern weil er euch liebt ..." (5. Mose 7,7–8).

Liebt er uns, weil wir gut sind? Weil wir liebevoll sind? Wegen unserer großen Hingabe? Nein, er liebt uns, weil *er* gut und liebevoll und hingebungsvoll ist.

Gott liebt Sie, weil er beschlossen hat, Sie zu lieben.

Gott liebt Sie, auch wenn Sie sich nicht liebenswert fühlen. Gott liebt Sie, auch wenn sonst niemand Sie liebt. Andere mögen Ihnen vielleicht den Rücken kehren, sich von Ihnen scheiden lassen und Sie ignorieren. Gott wird Sie immer lieben. Das spricht er Ihnen zu: „Ich berufe den Niemand und mache ihn zu Jemand; ich berufe die Ungeliebten und mache sie zu Geliebten" (Römer 9,25; *The Message*).

Lassen Sie diese Liebe in Ihrem Leben zu. Lassen Sie zu, dass aus dieser Liebe die größte Freude überhaupt erwächst, wenn Sie sich bewusst machen: „Ich bin vom Himmel geliebt."

Und das ist der Punkt, an dem Sie anfangen müssen, wenn es darum geht, andere zu lieben: Lassen Sie sich vertrauensvoll in die Liebe Gottes fallen. In dem Maß, in dem

Sie das tun, werden Sie diese Liebe an andere weitergeben können.

Vielleicht kommen Ihnen jetzt die Namen von Menschen in den Sinn, die alles andere als liebenswert sind. Vielleicht stehen Sie jemandem schon seit Jahren voreingenommen gegenüber, hegen hartnäckig einen Groll auf sie oder haben Vorurteile, wenn Sie an ihn denken.

Stellen Sie sich darauf ein, dass jetzt alles anders wird. Wenn Gott an Ihnen arbeitet, wenn er seine Liebe durch Sie zu diesen anderen Personen hindurchfließen lässt, werden diese alten Feindseligkeiten und Mauern eingerissen. Und das wird Ihnen Glück und Zufriedenheit schenken. Gott wird Sie nicht mit Ihrem alten Hass und Ihren Vorurteilen weiterleben lassen. Machen Sie sich bewusst: „Das bedeutet aber, wer mit Christus lebt, wird ein neuer Mensch. Er ist nicht mehr derselbe, denn sein altes Leben ist vorbei. Ein neues Leben hat begonnen!" (2. Korinther 5,17).

Wenn Gottes Liebe durch Sie hindurchfließt, werden Sie die Menschen in einem ganz neuen Licht sehen. „Deshalb haben wir aufgehört, andere nach dem zu beurteilen, was die Welt von ihnen hält" (2. Korinther 5,16).

Gott lebt mit seinem Heiligen Geist in Ihnen. Vielleicht fällt es Ihnen bislang schwer, Obdachlose zu lieben. Gott kann sie durch Sie lieben. Vielleicht haben Ihre Freunde Ihnen vorgelebt, dass man den Schwachen das Leben noch schwerer machen und dass man über die Reichen herziehen sollte. Gott wird Ihre Einstellung zu diesen Menschen ändern. Er wohnt mit seinem Heiligen Geist in Ihnen.

Die Kassiererin im Supermarkt? Sie ist nicht nur eine Angestellte – sie ist wunderbar und einzigartig gemacht.

Der Ehemann am Frühstückstisch? Er ist nicht irgendein Kerl, der sich dringend mal rasieren sollte – er ist Gottes Schöpfung, und Gott hat liebevolle Absichten für ihn.

Der Nachbar ein paar Häuser weiter? Er ist kein Mensch, der ständig vergisst, den Rasen zu mähen – er wurde nach Gottes Ebenbild erschaffen.

Gott wird Ihnen die Wertschätzung für seine facettenreiche Familie ins Herz pflanzen. Egoisten wünschen sich im Grunde eine einheitliche Welt: Alle sollen gleich aussehen und sich gleich verhalten. Gott liebt aber seine vielfältige Schöpfung. „Denn wir sind Gottes Schöpfung" (Epheser 2,10). Das griechische Wort für „Schöpfung" ist hier *poiéma*, was man auch mit „dichterisches Werk" übersetzen könnte.[3] Wir sind Gottes dichterisches Werk! Was Goethe mit Feder und Papier getan hat, hat unser Schöpfer mit uns getan. Wir sind Ausdruck seiner höchsten Kreativität.

Wir sind sein dichterisches Werk. Nicht *Sie* allein, nicht *ich* allein – gemeinsam sind wir Gottes dichterisches Werk. Jeder von uns ist nicht mehr als nur ein Wort auf einer Seite. Sie sind vielleicht ein Verb, er ist ein Hauptwort, und ich bin wahrscheinlich ein Fragezeichen. Wir sind nur Buchstaben und Zeichen aus Gottes Hand.

Welcher Buchstabe hat dann das Recht, einen anderen Buchstaben zu kritisieren? Kann das „p" dem „q" vorwerfen, dass es verkehrtherum ist? Kann sich das „m" über das „w" lustig machen, weil es zu offenherzig ist? Wer sind wir, dass wir dem Verfasser vorschreiben, wie oder wo er uns einzusetzen hat? Wir brauchen einander. Auf uns gestellt sind wir nur Buchstaben auf einem Blatt Papier, aber gemeinsam sind wir ein dichterisches Werk.

Wenn Sie die Menschen durch die Brille der Agape-Liebe betrachten, können Sie die Schönheit im bunten Durcheinander der Menschen entdecken. Da sind logische Kopfmenschen. Emotionale Anbeter. Dynamische Leiter. Gelehrige Nachfolger. Die Geselligen, die alle und jeden grüßen. Die Wissbegierigen, die über alles nachgrübeln. Die Großzügigen, die die Rechnungen bezahlen. Losgelöst voneinander ist unsere Botschaft unvollständig, aber gemeinsam sind wir Gottes Schöpfung.

Stellen Sie sich nur vor, wie viel Freude Sie erleben werden, wenn Sie lernen, sich über Ihre Mitmenschen zu freuen. (Ist auch besser so, denn die sind überall!) Das Leben ist dann plötzlich weniger Pflicht und mehr ein angenehmer Bummel durch Gottes Kunstausstellung.

Erst gestern habe ich mir mit einem über 60-Jährigen, den ich noch nie zuvor getroffen hatte, einen Golfwagen geteilt. Wir waren auf demselben Golfplatz in Kalifornien gelandet, in der Hoffnung, das schöne Wetter zu nutzen und ein paar Löcher zu spielen. Als er mir seine Geschichte erzählte, wurde mir klar, dass er allen Grund hatte, sich zu beklagen. Er litt seit 20 Jahren an Migräne, hatte seine Frau durch eine Scheidung verloren, war gerade arbeitslos und in den vergangenen zehn Jahren mindestens einmal pro Jahr gezwungen gewesen umzuziehen.

Aber wenn man ihn reden hörte, hätte man meinen können, er erlebe gerade die beste Zeit seines Lebens. An seinen Golfkünsten kann es nicht gelegen haben. Sein Abschlag landete überall, nur nicht auf dem Grün. Aber seine Freude war ansteckend. Ich grinste vom Abschlag bis zum Sandbunker und musste ihn einfach fragen: „Wie kommt es, dass Sie dauern lächeln, obwohl Sie so viele Tiefschläge erlebt haben?"

Er sah mich mit strahlenden Augen an. „Ich lerne Menschen kennen! Jeder Mensch ist eine Geschichte. Man muss diese Welt einfach mögen, wo sie doch so voller Geschichten ist!"

Mein Golffreund weiß, wie man glücklich ist.

Wie wäre es, wenn Sie Ihrem himmlischen Vater erlauben, diese Faszination auch in Ihrem Herzen zu entfachen? Denken Sie nur mal darüber nach: Wenn jeder Mensch ein Grund zur Freude ist, dann gibt es mehr als sieben Milliarden Gründe zu lächeln.

Und vergessen Sie nicht, dass wir alle noch „in Arbeit" sind. Sie würden ja auch nicht den Wein beurteilen, wenn Sie bloß eine einzige Traube von diesem Weinberg gegessen haben, oder das Werk eines Künstlers nach dem ersten Pinselstrich. Sie lassen dem Wein Zeit zu reifen und dem Künstler, sein Werk zu vollenden.

Lassen Sie Gott auch Zeit. Er ist noch nicht fertig mit den Menschen, und manche seiner Werke – also manche von uns – brauchen besonders viel Aufmerksamkeit. Achten Sie einmal darauf, was der Apostel Paulus der Gemeinde in Philippi schrieb:

Ich bin ganz sicher, dass Gott, der sein gutes Werk in euch angefangen hat, damit weitermachen und es vollenden wird bis zu dem Tag, an dem Christus Jesus wiederkommt (Philipper 1,6).

Gott ist noch nicht fertig mit uns. Lassen Sie die Trauben reifen. Lassen Sie dem Künstler etwas Zeit. Loben Sie Fortschritte, wenn Ihnen welche auffallen. Feuern Sie andere an, und bringen Sie dadurch das Beste in ihnen hervor, statt ihr Kritiker zu sein, der den Blick auf das Unvollkommene richtet. So werden Sie sich über diese Beziehung freuen und der andere auch.

Nehmen Sie Ihre Rolle als Mosconi an. Betrachten Sie Ihre Umwelt mit neuen Augen – als Museum, in dem viele göttliche Schätze beheimatet sind. Und betrachten Sie sich selbst als jemanden, dessen Aufgabe es ist, sich um diese zu kümmern. Sie sollen die „Musik" aus ihnen hervorlocken. Mosconi besaß einen ganzen Fundus an Hilfsmitteln: Kolophonium, Öle und Geigenbögen. Und Sie besitzen ebenfalls eine Werkzeugkiste: ermutigende Worte, hier und da eine Ermahnung, eine herzliche Begrüßung, aufrichtige Vergebung. Sie reiben Ihre Beziehungen mit Geduld und Freundlichkeit und Selbstlosigkeit ein. Sie tun alles, was in Ihrer Macht steht, um das Beste im anderen hervorzubringen.

Warum? Weil Gott das Beste in Ihnen hervorbringt. Stück für Stück, Tag für Tag, von Herrlichkeit zu Herrlichkeit verwandelt Gott Sie in einen neuen Menschen. Schenken Sie den kleinlichen, negativen Gedanken keinen Glauben, die Ihnen weismachen wollen, dass Sie durch Ihre Erfahrungen und Probleme an die Seitenlinie verbannt werden. Vielleicht ist Ihre Beziehung gescheitert. Macht nichts. Gott schenkt zweite Chancen. Vielleicht sind Sie als Zyniker verschrien. Kein Problem. Gott kann das ändern. Er kann Sie verändern. Er hat Sie noch nicht aufgegeben. Also geben Sie sich auch nicht auf.

Neulich hatte ich Opa-Dienst. Rosies Eltern hatten einen Termin und meine Frau war verreist. Raten Sie mal, wer einen aufregenden Abend mit einer Zweieinhalbjährigen verbracht hat! Wir hatten eine Menge Spaß! Sie schlüpfte in ein Hochzeitskleid. Wir aßen Kellogg's Frosties ohne Milch. Wir tanzten zu Disney-Musik, und der Höhepunkt war, dass wir im Dunkeln nach draußen ans Tor gingen.

Von unserem Haus zum Tor sind es zehn Minuten zu Fuß. Für Rosie kommt dieser Weg einer Expedition gleich. Als wir loszogen, hielt sie die Hand hoch, wie ein Verkehrspolizist, der einen Autofahrer stoppt. „Bleib hier stehen, Opa Max. Ich geh allein."

Ich hielt kurz inne und blieb dann gerade so dicht hinter ihr, dass sie glaubte, allein zu sein. Sie und ich wissen, dass ich sie niemals allein zum Tor gehen lassen würde. Vor allem nicht um neun Uhr abends.

Nach ein paar Schritten blieb sie plötzlich stehen und sah sich um. Vielleicht hatte sie das Geräusch raschelnder Blätter vernommen oder geheimnisvolle Schatten gesehen, die auf den Weg fielen. Ich weiß nicht, warum sie stehen blieb. Aber ich war nah genug, um es zu bemerken. Und nah genug, um zu hören, wie sie „Opa Max!" sagte.

In zwei Sekunden war ich neben ihr. Sie sah zu mir auf und lächelte. „Kommst du mit mir?" Den Rest des Weges gingen wir Hand in Hand.

Wir Prediger machen diese Sache mit Gottes Liebe gern komplizierter, als sie ist. Wir fixieren uns auf exotische Begriffe und theologische Gedankengänge, und dabei sind das beste Beispiel dafür vielleicht Rosie, die im Dunkeln nach Hilfe ruft, und ihr Opa, der sofort zur Stelle ist.

Ihr himmlischer Vater ist ebenfalls an Ihrer Seite. Und wenn die finstere Nacht Ihnen auf dieser Lebens- und Liebesreise mehr Angst einjagt, als Sie Glauben haben, und es Ihnen unmöglich vorkommt, die Menschen zu lieben, die schwer zu lieben sind, dann halten Sie einfach inne, und rufen Sie seinen Namen. Er ist Ihnen näher, als Sie vielleicht denken. Und er wird nicht zulassen, dass Sie diesen Weg ohne seine Hilfe gehen.

Der nächste Schritt

Die Glücks-Challenge

Der größte Augenblick in der Footballgeschichte der Universität von Südkalifornien war nicht der Empfang eines Pokals oder ein Touchdown. Meiner Meinung geht es bei diesem Highlight, das einen Platz in der *Hall of Fame* verdient hat, auch nicht um einen spielentscheidenden Pass oder den Trainer nach der Sektdusche beim Siegesjubel. Wenn ich einen Moment aus der Mannschaftsgeschichte, die seit 1880 aufgezeichnet wird, vom Spielfeldrand aus noch einmal sehen dürfte, dann würde ich ein Spiel aus dem Jahr 2017 wählen – das Spiel gegen *Western Michigan*. Im letzten Viertel waren noch drei Minuten und 13 Sekunden zu spielen, als die Kalifornier den Pass eines Spielers aus Michigan abfingen, einen Touchdown erreichten und mit 48:31 sicher in Führung lagen. Ein paar der 61 125 Fans standen auf und gingen bereits zu den Ausgängen des *Los Angeles Memorial Coliseum*. Der Rest des Spieles war scheinbar nur noch Formsache.

Aber dann rief Clay Helton, der Cheftrainer der USC, Jake Olson aufs Feld, einen Studenten im 2. Studienjahr. Er sollte einen sogenannten Deep-Snap machen – den Football durch die Beine nach hinten werfen –, damit einer der Feldspieler noch ein Field Goal schießen konnte.

Was diesen Augenblick so unvergesslich macht, ist nicht die Tatsache, dass ein Spieler von der Bank geholt wurde. Das absolut Sehenswerte daran war, dass dieser Spieler blind ist. Genau. Jake Olson lief auf ein Spielfeld, das für ihn in tiefster Dunkelheit lag. Er konnte die lächelnden Gesichter seiner Kameraden auf dem Feld nicht sehen. Er konnte die Teamkollegen am Spielfeldrand nicht sehen, die alle aufgestanden waren, um ihm zuzuschauen. Er sah die Trainer nicht, die mit feuchten Augen und zugeschnürter Kehle Zeugen waren, wie ein Traum wahr wurde.

Jake Olsons Reise zu diesem Augenblick fing im Alter von zehn Monaten an, als er wegen einer seltenen Krebserkrankung sein linkes Auge verlor. Der Krebs kehrte zurück, als er zwölf war. Die Ärzte entschieden, dass ihnen nur noch eine einzige Möglichkeit offenstand, um den Krebs in den Griff zu bekommen: Sie mussten sein rechtes Auge ebenfalls entfernen.

Damals war Peter Carroll Cheftrainer der Footballmannschaft der USC. Ein gemeinsamer Freund der Olson-Familie erzählte ihm von einem Jungen, der schon sein Leben lang ein Fan der *USC Trojans* war und bald sein Augenlicht verlieren würde. Nachdem er davon erfahren hatte, begann Carroll, den Kopf des Jungen mit Erinnerungen an Football zu füllen: Er arrangierte Treffen mit Spielern, Jake durfte vor und nach dem Training bei der Mannschaft sein, den traditionellen Säbel der Marschkapelle halten und die Kapelle nach dem Spiel dirigieren. Jake reiste mit der Mannschaft sogar zum Spiel gegen das Team von *Notre Dame* nach Indiana.

Und dann brach die Finsternis an.

Als er nach dem Eingriff wieder gesund genug war, um zum Training zu gehen, wurde er empfangen, als wäre er Spieler des Jahres.

Als Carroll zu den *Seattle Seahawks* wechselte, lud er Olson ein, bei einem Spiel mit auf der Bank zu sitzen. Bei dieser Gelegenheit erkundigte sich der Center des Teams bei Olson, ob er schon einmal einen Deep-Snap gemacht hatte. Seine Blindheit machte es Olson unmöglich, den Ball punktgenau zu werfen, zu fangen oder andere Spieler anzugreifen oder zu blocken. Aber den Ball zwischen den Beinen hindurch einem Spieler zuzuwerfen, der in etwa sieben Metern Entfernung hinter ihm stand? Olson übte genau das. Und in ihm wuchs der Traum, wenigstens einmal in einem Spiel der *USC* mitzuspielen.

Damit das passieren konnte, mussten sich die Trainer der beiden Mannschaften absprechen. Die Mannschaft von *Western Michigan* erklärte sich bereit, Olson nicht mit dem Linebacker zu überrennen. Der Trainer der *USC* versprach, Olson nur dann einzusetzen, wenn eines der Teams uneinholbar in Führung lag. Die Universität ließ sich diese Entscheidung von der Liga bestätigen. Jake zog sein Trikot an und wartete auf seine Gelegenheit.

Für den Großteil des Spiels stand Olsons großer Moment auf der Kippe. Zur Halbzeit stand es 14:14 und nach drei Vierteln 21:21. Als noch sechs Minuten zu spielen waren, stand es 28:28. Aber dann fing die Mannschaft der *USC* Feuer, erreichte drei Touchdowns und hatte das Spiel in der Tasche.

Trainer Helton verlangte einen Time-out. Olson übte ein paar Abwürfe. Während er sich aufwärmte, gab Helton dem

Trainer der *Western Michigan* ein Zeichen und dieser wiederum seiner Mannschaft. Die Spieler beider Teams waren jetzt hellwach. Der Schiedsrichter, der ebenfalls eingeweiht war, legte den Ball bereit und danach Olson die Hand auf die Schulter. Dann trat er ein paar Schritte zurück und pfiff.

In diesem Augenblick gab es keine Gegner, keine Angreifer, keine Gewinner und Verlierer mehr. Es gab nur diesen einen Spieler, der seine Behinderung überwand und den alle anfeuerten.

In der Geschichte des Collegefootballs war das Spiel zwischen *Western Michigan* und den *USC Trojans* nur eines von tausend Spielen. Aber dennoch war dieser Moment einzigartig. Auf den Pfiff hin lieferte Olson einen perfekten Rückwurf. Der Ball wurde für den Schützen bereitgelegt, diesem gelang ein Field Goal, und Olson wurde von seinen begeisterten Mannschaftskameraden umlagert.

Das war der vielleicht beste Extrapunkt in der Geschichte der *USC Trojans*.[1]

Lieben wir nicht diese Art Geschichten? Mit welchem Wort könnte man das beschreiben, was wir in solchen Momenten empfinden? Wie wäre es mit „glücklich"?

Und dabei waren wir nicht einmal dabei! Ich saß nicht auf den Rängen und höchstwahrscheinlich waren auch Sie nicht auf dem Spielfeld. Wir haben weder den Abwurf noch den Schuss gesehen, und trotzdem macht es uns glücklich, wenn wir nur davon lesen.

Glück ist gewissermaßen ansteckend, wenn die Menschen selbstlos genug sind, um anderen zu ihrem großen Augenblick zu verhelfen.

Glücklicherweise können wir solche Augenblicke jederzeit und an jedem Ort wiederholen. Sie sehnen sich nach einem „Freudenregen"? Sie haben das tägliche Einerlei satt? Dann probieren Sie doch einmal Folgendes aus: Tun Sie jemandem etwas Gutes, grüßen Sie jemanden, überlassen Sie jemandem Ihren Platz, schenken Sie jemandem ein offenes Ohr, schicken Sie jemandem Geld, schreiben Sie einen Brief, schenken Sie jemandem Zeit, einen Rat oder Ihr Herz.

Machen Sie jemanden glücklich.

„Es liegt mehr Glück im Geben als im Nehmen" (Apostelgeschichte 20,35).

Es ist besser zu vergeben als Groll zu hegen.

Es ist besser zu ermutigen als niederzumachen.

Es ist besser anzunehmen als auszuschließen.

Es ist besser zu versuchen, jemanden zu verstehen, als ihn gering zu schätzen.

Es ist besser zu lieben als zu hassen.

Gottes Lösung für die Probleme unserer Gesellschaft besteht in einer Mindestanzahl an selbstlosen Menschen, die an ihrem Wohnort oder in ihrem Unternehmen gewissermaßen reinigend wirken – Gutes bringen und das Schlechte fortspülen. Sie kommen aus allen Himmelsrichtungen, haben alle Hautfarben, sind liberal und konservativ, wohnen auf dem Land und in der Stadt, sind jung und alt. Und doch verbindet sie eine erstaunliche Entdeckung: Man fühlt sich dann glücklich, wenn man Glück verschenkt.

Wenn es jemanden gibt, der sich über ein Geschenk mehr freut als der Empfänger, dann ist es der Schenkende.

Albert kann Ihnen das bestätigen. Er ist Postzusteller in der texanischen Stadt Waco und bringt täglich Lieferungen für den Möbelladen, in dem auch meine Tochter Sara gearbeitet hat. Der Laden war wahnsinnig erfolgreich, doch da es sich dabei um ein Start-up-Unternehmen handelte, herrschte dort ein gewisses Maß an Chaos. Die Mitarbeiter waren gezwungen, erst einmal zu lernen, worauf man achten musste, und waren deshalb den ganzen Tag auf den Beinen. Es konnte also ziemlich stressig zugehen.

Deshalb liebten alle Albert. Sara erzählte uns, dass sein Kommen für alle der Höhepunkt des Tages war. Der Höhepunkt! Sie erinnert sich noch: „Er erkundigte sich bei allen, wie es ihnen ging. Er schaute uns in die Augen und sagte: ‚Gott segne euch.'"

Albert bringt mehr als nur die Post. Er bringt Freude.

Ich möchte Sie einladen, das Gleiche zu tun. Und deshalb schlage ich Ihnen die folgende Glücks-Challenge vor: Versuchen Sie doch einmal, in den nächsten 40 Tagen dafür zu sorgen, dass 100 Menschen glücklicher sind. Setzen Sie die „einander"-Schriftstellen bewusst in die Praxis um. Beten Sie für Menschen, dienen Sie mehr, seien Sie geduldig, und bringen Sie das Beste in den Menschen hervor. Führen Sie Tagebuch über die Begegnungen und was Sie getan haben. Halten Sie diese Augenblicke fest. In welchem Kontext haben Sie etwas getan? Was haben Sie gelernt?

Hat sich Ihre Welt nach diesen 40 Tagen verändert?

Haben *Sie* sich verändert?

Ich bin jedenfalls nicht mehr derselbe. Während ich dieses Buch schrieb, habe ich diese Challenge jedenfalls ausprobiert. Es war doppelt so schwer, wie ich erwartet hatte, aber hundertmal erfüllender, als ich je gedacht hätte.

Das hier ist ein typischer Tagebucheintrag aus dieser Zeit:

Das Flugzeug flog wegen der – wie der Flugbegleiter am Gate den Passagieren erklärte – „Verspätung der Crew" mit zwei Stunden Verspätung in Minneapolis ab. Als die drei Flugbegleiter schließlich auftauchten, war es schon fast Zeit, ins Bett zu gehen. Sie waren von ihrem vorangegangenen Flug noch sichtlich müde und bahnten sich verlegen ihren Weg durch die Menge der finster dreinblickenden Passagiere. Irgendjemand buhte sie sogar aus.

Als wir schließlich an Bord gingen, ging es weiterhin chaotisch zu. Es gab nicht genügend Platz in den Staufächern über den Sitzen. Zu viele Wintermäntel. Ich musste meine Tasche schließlich meilenweit von meinem Sitz entfernt unterbringen. Endlich setzte ich mich seufzend auf meinen Platz. Dann erinnerte ich mich an die „100 glückliche Menschen"-Challenge. Etwa eine halbe Stunde nach dem Start hatte ich die Gelegenheit, einer Flugbegleiterin dafür zu danken, dass sie so professionell und überaus geduldig mit der Verspätung umging. Sie bedankte sich. Trotzdem hatte ich das Gefühl, dass ich noch mehr tun konnte. Nach der Hälfte des Flugs erhob ich mich und ging zu ihrem Platz.

„Ich möchte Ihnen noch einmal sagen, dass ich Ihre Arbeit wirklich schätze."

Diesmal hielt sie inne. Tränen standen ihr in den Augen. „Das bedeutet mir sehr viel. Es war ein langer Tag."

Wollen Sie sich nicht auch einmal auf diese Glücks-Challenge einlassen?

Alle anderen kommen mit finsterer Miene und einer langen Liste noch zu erledigender Aufgaben zur Arbeit. Und Sie? Natürlich müssen auch Sie noch viel Arbeit erledigen, aber Sie haben sich auch diese Challenge vorgenommen: Wem kann ich heute helfen? Wen kann ich ermutigen? Wer braucht einen kleinen Lichtblick?

Vielleicht der neue Mitarbeiter am anderen Ende des Ganges? Oder der Nachbar, dessen Chihuahua immer in Ihren Garten kommt? Oder Ihre Dozentin, die mit dem falschen Bein aufgestanden ist und anschließend ihren Studenten den Kopf abreißt? Andere gehen ihr aus dem Weg, aber Sie nicht. Sie halten nach einer Möglichkeit Ausschau, wie Sie sie ein wenig aufheitern, ihr Komplimente machen, sie verstehen, ihr danken können. Wird die Welt ein kleines bisschen besser, weil Sie es versucht haben?

Darauf können Sie wetten.

Ihre Mitmenschen werden so begeistert auf Ihr Kommen reagieren, als seien Sie der Eismann. In meiner Kindheit kam immer ein Eismann in unsere Straße. Noch heute, ein halbes Jahrhundert später, läuft mir das Wasser im Mund zusammen, wenn irgendwo jemand „When the Saints Go Marching In" spielt, und ich suche in meinen Taschen nach Kleingeld. Wenn ich die blecherne Musik des Eiswagens hörte, wusste ich, was ich zu tun hatte.

Und ich war nicht der Einzige. Die Kinder kamen von überallher angelaufen. Vom Spielplatz im Park, aus den Hinterhöfen, von den Schulhöfen. Aus den Häusern strömten die Kinder wie heutzutage Menschen aus der U-Bahn, wenn die Türen geöffnet werden. Sie kamen auf Fahrrädern, Rollern oder rannten einfach so schnell sie konnten. Der Eismann war da.

Seien Sie so ein Eismann oder eine Eisfrau. Seien Sie die Person, auf die sich die Menschen freuen. Seien Sie die Stimme, die die Menschen gern hören. Fahren Sie den Glückswagen.

Und dann achten Sie doch einmal darauf, ob Sie nicht die Person sind, die am meisten lächelt.

Fragen zum Nachdenken

von Andrea Lucado

Kapitel 1

Der unerwartete Weg zur Freude

1. Wie würden Sie „Glück" definieren? Welche Worte, Gefühle oder Bilder gehen Ihnen durch den Kopf, wenn Sie daran denken, glücklich zu sein?

2. Erzählen Sie von einer Begebenheit, bei der Sie wirklich glücklich waren. Warum hat diese Begebenheit Sie so glücklich gemacht?

3. Wann waren Sie schon einmal richtig unglücklich? Warum hat diese Begebenheit oder Erfahrung Sie so unglücklich gemacht?

4. Als wie glücklich würden Sie sich momentan bezeichnen? Sind Sie meistens glücklich, gelegentlich oder kaum? Was ist die Hauptquelle Ihrer Freude oder Ihrer Traurigkeit?

5. Max Lucado schreibt: „Menschen auf der ganzen Welt geben an, dass Glück ihr oberstes Lebensziel sei." Trifft das auch auf Sie zu? Warum oder warum nicht?

6. In diesem Kapitel werden einige verblüffende Statistiken in Bezug auf den gegenwärtigen „Glückszustand" dieser Welt aufgeführt.
   1. Nur ein Drittel der befragten Amerikaner gibt an, glücklich zu sein.
   2. Die Wahrscheinlichkeit, an Depressionen zu erkranken, ist heutzutage zehnmal so hoch wie noch vor 100 Jahren.
   3. Die Weltgesundheitsorganisation WHO sagt voraus, dass bis zum Jahr 2020 „Depressionen die weltweit die zweithäufigste Todesursache sein" könnten.
   - Stellen diese Statistiken für Sie eine Überraschung dar? Warum oder warum nicht?
   - Haben Sie gegenwärtig mit Depressionen zu kämpfen oder hatten Sie schon einmal eine Depression? Falls ja: Wie ist es Ihnen gelungen, sich daraus zu befreien?
   - Hatte ein enger Freund/eine gute Freundin oder ein naher Angehöriger schon einmal mit Depressionen zu kämpfen? Was ist Ihnen aufgefallen, während Sie der betreffenden Person zur Seite gestanden haben?
   - Was glauben Sie, warum Depressionen heutzutage so weit verbreitet sind?

7. Max Lucado beschreibt „den breiten Weg zum Glück", einen Weg, den auch die Werbebranche anpreist: Wohlstand, gutes Aussehen, Sex und Besitz.
   - Welchen Versprechen, die einen einfachen Weg zum Glück verheißen, haben Sie in der Vergangenheit Glauben geschenkt?

- Haben diese Versprechen gehalten, was Sie sich davon erhofft hatten? Inwiefern oder inwiefern nicht?
- Welchen Glücksversprechen schenken Sie aktuell Glauben?
- Halten diese Versprechen, was Sie sich davon erhoffen? Inwiefern oder inwiefern nicht?
- Wie hat sich Ihre Suche nach Glück im Laufe Ihres Lebens – Kindheit, Jugend, Erwachsensein – verändert?

8. Füllen Sie die folgenden Lücken aus. Auf dem Schild zum breiten Weg zum Glück steht: „Du wirst glücklich, wenn _____." Auf dem Schild zum weniger benutzten, weniger häufig eingeschlagenen schmalen Weg zum Glück steht: „Du wirst glücklich, wenn _____."
   - Wie haben Sie reagiert, als Sie zum ersten Mal das Schild am weniger häufig benutzten Weg gelesen haben?
   - Stimmen Sie dieser Aussage zu? Warum oder warum nicht?

9. Gegen Ende der Apostelgeschichte, als Paulus sich von der Gemeinde in Ephesus verabschiedete, sagte er ihnen: „Behaltet die Worte von Jesus, dem Herrn, in Erinnerung: ‚Es liegt mehr Glück im Geben als im Nehmen'" (Apostelgeschichte 20,35). In unserem Leben als Christen stoßen wir auf viele solcher scheinbarer Widersprüche. Lesen Sie Matthäus 5,1–12. Das griechische Wort, das im Deutschen häufig mit „selig" übersetzt

wird, kann auch mit „glücklich" oder „freuen" übersetzt werden. Behalten Sie das im Hinterkopf, wenn Sie die folgenden Fragen beantworten.
- Wer hat nach Aussage von Jesus Grund zur Freude?
- Was verrät uns dieser Abschnitt aus der Bibel über Gottes Vorstellung vom Glück und wie unterscheidet sich diese von der in unserer Gesellschaft vorherrschenden?
- Ist Ihnen schon einmal jemand begegnet, der nichts von dem hatte, was man nach Auffassung der Gesellschaft braucht, um glücklich zu sein – Wohlstand, Ansehen oder Schönheit –, und der trotzdem glücklich war?
- Warum war diese Person wohl trotzdem glücklich?
- Hat der Umgang mit dieser Person Sie in irgendeiner Hinsicht beeinflusst?

10. Max Lucado betont, dass Jesus in der Bibel als fröhlicher Mensch beschrieben wird, als jemand, mit dem andere gern zusammen waren und der gern auch mal feierte.
    - Wenn wir Jesus beschreiben, fallen oft Begriffe wie „weise", „aufrichtig", „aufopferungsvoll" und „liebevoll". Aber haben Sie Jesus schon einmal als glücklich beschrieben, als jemand, der lächelt, lacht und gern feiert?
    - Was empfinden Sie bei dem Gedanken, dass Jesus glücklich war, auf Feste ging, lächelte und lachte? Fühlen Sie sich dabei unwohl? Warum oder warum nicht?
    - Was hat Jesus glücklich gemacht?

11. Füllen Sie die folgende Lücke aus. Das Glück kommt zu uns, wenn wir es _____.

12. Max Lucado listet zehn „einander"-Verse auf, die uns zeigen, wie wir Freude verschenken und als Folge davon selbst erleben können.
    1. Ermutigt einander (1. Thessalonicher 5,11).
    2. Ertragt einander (Epheser 4,2).
    3. Interessiert euch füreinander und für das, was der andere tut (Philipper 2,4).
    4. Grüßt einander (Römer 16,16).
    5. Betet füreinander (Jakobus 5,16).
    6. Dient einander (Galater 5,13).
    7. Nehmt einander an (Römer 15,7).
    8. Ermahnt einander (Kolosser 3,16).
    9. Vergebt einander (Epheser 4,32).
    10. Liebt einander (1. Johannes 3,11).
    - Auf welche dieser zehn „einander"-Aussagen verstehen Sie sich am besten?
    - An welcher müssen Sie am meisten „arbeiten"?

13. Wo würden Sie am liebsten eine „stille Revolution der Freude" ausbrechen sehen – in Ihrer Familie, an Ihrem Wohnort, an Ihrem Arbeitsplatz oder in Ihrem Land? Überlegen Sie, mithilfe welcher „einander"-Verse Sie dazu beitragen könnten, dass diese stille Revolution beginnt.

Kapitel 2

„Du bist der Größte, Rocky"

1. Paulus schreibt Folgendes an die Gemeinde in Thessaloniki: „Denn Gott wollte uns nicht strafen, sondern wollte uns retten durch Jesus Christus, unseren Herrn. Er starb für uns, damit wir, ob wir nun wachen oder schlafen, mit ihm leben. Deshalb sollt ihr einander Mut machen und einer den anderen stärken, wie ihr es auch schon tut" (1. Thessalonicher 5,9–11).
   - Warum sollen wir – diesen Versen zufolge – einander Mut machen und stärken?
   - Was ist der Unterschied – falls es einen gibt – zwischen einander ermutigen und einander in Christus ermutigen?

2. Das griechische Wort für „ermutigen" ist *parakaleo*.[1]
   - Was bedeuten die Worte *para* und *kaleo*?
   - Wie sollen wir, diesen Worten zufolge, andere Menschen ermutigen?

3. Jesus lebte diese Form der Ermutigung vor, als Petrus ihm sagte, er glaube, dass Jesus der Sohn des lebendigen Gottes sei.
   - Wie hat Jesus Petrus laut Matthäus 16,17 geantwortet?
   - Wie würden Sie sich fühlen, wenn Jesus Sie so ermutigen würde?

4. Max Lucado zitiert eine Studie, die ergeben hat: „In einer gesunden Beziehung ist das Positiv-Negativ-Verhältnis 5:1."
   - Wie schätzen Sie das Verhältnis von positiven zu negativen Kommentaren in Ihrer Familie, an Ihrem Arbeitsplatz oder in Ihrem Freundeskreis ein?
   - Falls Sie mehr negative als positive Bemerkungen zu hören bekommen oder selbst sagen: Woran könnte das liegen?
   - Falls Sie mehr positive als negative Bemerkungen zu hören bekommen oder selbst sagen: Woran könnte das liegen?

5. In welchem Lebensbereich haben Sie schon einmal eine „*Ent*mutigungsverschwörung" erlebt? In den sozialen Netzwerken? In den Nachrichten? In Ihrer Familie, im Freundeskreis, in der Gemeinde?
   - Inwiefern haben Sie persönlich diese Entmutigung erlebt?
   - Wie hat sie Ihre Sicht der Welt und anderer Menschen beeinflusst?

6. Lesen Sie folgende Verse: 2. Korinther 12,9; Galater 4,7; Epheser 1,7; 1. Petrus 2,9.
   - Was sagen diese Verse darüber aus, wer wir als Nachfolger von Christus sind?
   - Inwiefern können Ihnen diese Wahrheiten dabei helfen, sich gegen die „Entmutigungsverschwörung" zur Wehr zu setzen?
   - Auf welche dieser biblischen Aussagen sollten Sie sich heute konzentrieren, um sich selbst zu ermutigen?
   - Mit welchem dieser Verse könnten Sie jemand anderem Mut machen?

7. Lucado gibt zwei Tipps, wie wir andere ermutigen und den „Rocky" in ihnen wecken können: Zunächst einmal müssen wir aufmerksam zuhören.
   - Inwiefern kann es jemanden ermutigen, wenn wir ihm aufmerksam zuhören?
   - Was glauben Sie, wie sich die Frau mit den Blutungen gefühlt hat, als sie Jesus ihre Geschichte erzählte und er ihr zuhörte (Markus 5,33)?
   - Wenn ein Freund oder eine Freundin sich Ihnen anvertraut, wie reagieren Sie dann? Werfen Sie rasch eigene Kommentare ein oder hören Sie primär zu? Warum reagieren Sie so?
   - Wann hat Ihnen zum letzten Mal jemand aufmerksam zugehört? Wie haben Sie sich dabei gefühlt?
   - Wen könnten Sie ermutigen, indem Sie aufmerksam zuhören?

Zweitens können wir einander ermutigen, indem wir den anderen überschwänglich loben.
- Das griechische Wort für „Ermutigung", *parakaleo*, kommt laut Lucado im Neuen Testament 110-mal vor. Was verrät uns die Häufigkeit über die Bedeutung der Anweisung, einander zu loben?
- Wie fühlen Sie sich, wenn jemand Ihnen etwas Ermutigendes sagt? Genießen Sie das oder fühlen Sie sich eher unwohl? Was glauben Sie, warum Sie so reagieren?
- Was halten Sie von dem Vorschlag des Autors, einen Freund oder eine Freundin anzurufen und ihm oder ihr etwas Ermutigendes zu sagen? Fällt Ihnen das leicht? Wie würden Sie sich fühlen, wenn jemand das bei Ihnen machen würde?

8. Lucado erzählte von Charles Prince, einem Mann aus seiner Gemeinde, der ihn selbst in seinem Dienst ermutigt hat.
   - In welcher Weise hat Charles Princes Ermutigung den Autor beeinflusst?
   - Gibt es derzeit in Ihrem Leben einen „Charles Prince"? Falls ja, wer ist es und wie ermutigt diese Person Sie?
   - Hatten Sie schon einmal einen „Charles Prince"? Wie hat der oder die Betreffende Sie ermutigt?

9. Wen können Sie in der kommenden Woche so ermutigen, dass Sie den „Rocky" in ihr oder ihm wecken? Ein Familienmitglied? Einen Freund oder Kollegen?

- Wie werden Sie diese Person ermutigen? Indem Sie ihr aufmerksam zuhören? Indem Sie sie überschwänglich loben?
- Beobachten Sie einmal, wie Sie sich hinterher fühlen. Hat es Sie ebenfalls glücklich gemacht, als Sie jemanden durch Ermutigung glücklich gemacht haben?

Kapitel 3

Macken

1. Welche Macken stören Sie am meisten und warum? War das schon immer so oder hat es erst kürzlich angefangen?

2. Unter diesen Macken leidet meist nicht derjenige, der sie hat, sondern derjenige, den sie stören. Haben diese störenden Macken Ihnen schon einmal die Freude geraubt? Falls ja, erzählen Sie, was passiert ist.

3. Wie würden Sie „Geduld" definieren?

4. Halten Sie sich für einen geduldigen Menschen?
   - In welchen Situationen fällt es Ihnen schwer, geduldig zu sein? Warum?
   - In welchen Situationen fällt es Ihnen leichter, geduldig zu sein? Warum?

5. Was sagt Paulus in seinem Brief an die Gemeinde in Ephesus, wie wir in allen Situationen reagieren sollen (Epheser 4,1–3)?

6. Wenn Sie den Kontext berücksichtigen, in dem diese Verse stehen, und diese Passagen in unterschiedlichen Übersetzungen lesen, werden Sie mehr über das biblische Verständnis von Geduld erfahren. In der revidierten Elberfelder Übersetzung heißt es an dieser Stelle: „Ich ermahne euch nun, ich, der Gefangene im Herrn: Wandelt würdig der Berufung, mit der ihr berufen worden seid, mit aller Demut und Sanftmut, mit Langmut, einander in Liebe ertragend! Befleißigt euch, die Einheit des Geistes zu bewahren durch das Band des Friedens."
   - Welches Wort wird hier für „Geduld" benutzt?
   - Inwiefern hilft Ihnen diese Übersetzung, die Bedeutung von Geduld zu verstehen?
   - Paulus bezeichnet sich hier als einen „Gefangenen im Herrn", und das nicht nur im übertragenen Sinn, sondern auch wörtlich. Paulus hat während seines Dienstes wiederholt im Gefängnis gesessen und verbrachte die letzten beiden Jahre seines Lebens in Rom unter Hausarrest. Warum, glauben Sie, hat er seine Leser an diese Fakten erinnert, als er über Geduld bzw. Langmut schrieb?
   - Langmut wird als eine Eigenschaft derjenigen aufgezählt, die der Berufung als Nachfolger Christi würdig sind. Inwiefern macht uns Langmut dieser Berufung würdig?
   - Wo legte Jesus in den Berichten der Evangelien Geduld bzw. Langmut an den Tag?

7. In der Einheitsübersetzung lautet Vers 2: „Seid demütig, friedfertig und geduldig, ertragt einander in Liebe."
   - In welchem Zusammenhang stehen Demut und Geduld?
   - Inwiefern hilft uns die Geduld, einander in Liebe zu ertragen?
   - Denken Sie einmal darüber nach, wie es wohl für andere ist, mit Ihnen zusammenzuleben oder -zuarbeiten oder mit Ihnen befreundet zu sein. Was glauben Sie: Welche Ihrer Schwächen oder negativen Eigenschaften könnten wohl den anderen auf die Nerven gehen?
   - Beschreiben Sie eine Situation, in der Sie schwierig waren und jemand Sie „in Liebe" ertragen hat. Wie hat sich die Geduld dieser Person konkret gezeigt? Was haben Sie dadurch dieser Person gegenüber empfunden?

8. Lesen Sie Matthäus 7,3–5.
   - Was sollen wir nach Jesu Aussage zuerst tun, bevor wir den Splitter aus dem Auge unseres Mitmenschen ziehen?
   - Was ist typischer für Sie: Bemerken Sie eher das große Stück Holz in Ihrem eigenen Auge oder den kleinen Splitter im Auge des anderen? Warum?

9. Lucado schreibt: „Betrachten Sie sich selbst kritisch, bevor Sie andere kritisieren. Weisen Sie Ihr Gegenüber nicht gleich zurecht, sondern versetzen Sie sich lieber zunächst in seine Lage."

- Denken Sie an jemanden, der Ihnen auf die Nerven geht – der einen Splitter im Auge hat und den Sie liebend gern darauf hinweisen würden. Wie können Sie sich in die Lage dieser Person versetzen?
- Hat sich Ihre Haltung zu dieser Person geändert? Und Ihre Sicht des Splitters im Auge des anderen?

10. Gab es Macken, die Sie besonders genervt haben und die Sie jetzt nicht länger stören? Falls ja, was war das und wie ist Ihnen das gelungen bzw. was hat sich verändert?

11. Am Ende dieses Kapitels beschreibt der Autor die Bäume am Ufer des Guadalupe. Er schreibt, sie sind krumm, nicht gerade, aber sie bieten trotzdem Menschen, Tieren und Vögeln Zuflucht.
    - Welchen Vergleich zieht er zwischen uns und diesen Bäumen? Was halten Sie von dieser Metapher?
    - Welche Macke, lästige Eigenschaft oder welches Verhalten stellt Ihre Geduld auf die Probe?
    - Wie können Sie diesen „krummen Baum" als Teil der wunderbaren Schöpfung Gottes betrachten, statt sich weiter daran zu stören?

Kapitel 4

Der wunderbare Klang der zweiten Geige

1. Lesen Sie die Geschichte von Marta und Maria (Lukas 10,38–42). Mit welcher Figur in dieser Geschichte identifizieren Sie sich auf den ersten Blick am meisten: Maria, die Jesus zu Füßen sitzt; Marta, die das Essen vorbereitet; oder Jesus selbst, der die Gespräche mit Maria und den anderen genießt? Erklären Sie, warum.

2. Lesen Sie die Geschichte jetzt noch einmal so, wie Max Lucado sie auf den Seiten 51–55 erzählt.
   - Identifizieren Sie sich jetzt mit einer anderen Person?
   - Falls ja, mit welcher und warum?

3. Der Autor schreibt, Martas Stolperstein sei nicht ihre Arbeit oder die Bitte gewesen, Maria solle ihr helfen – es war ihre Motivation. Was war nach Ansicht des Autors wahrscheinlich Martas Beweggrund?

4. Wann sind Sie versucht, etwas zu leisten? In der Gemeinde, auf der Arbeit, im Freundeskreis oder in der Familie? Nach welcher Art von Anerkennung sehnen Sie sich?

5. Stimmen Sie der Aussage zu, dass die sozialen Netzwerke unser Verlangen nach Anerkennung und Beifall beeinflussen?
   - Wie haben die sozialen Netzwerke Sie an diesem Punkt beeinflusst?
   - Wie geht es Ihnen im Allgemeinen, nachdem Sie in den sozialen Netzwerken unterwegs waren?
   - Macht die Nutzung der sozialen Netzwerke Sie glücklicher oder unglücklicher? Warum?

6. Warum ist die Anerkennung durch andere kein guter Maßstab für Glück?
   - Wessen Anerkennung wünschen Sie sich im Moment am meisten und warum?
   - Wie viel oder welche Art von Anerkennung von dieser Person bräuchte es, damit Sie glücklich sind?
   - Wie würden Sie sich fühlen, wenn Sie die Anerkennung dieser Person nie bekämen?

7. Wir spielen uns nicht nur vor anderen auf, um ihren Beifall zu bekommen, sondern wollen uns oft auch Gott von unserer besten Seite zeigen, indem wir etwas leisten.
   - Wie versuchen Sie, sich Gottes Anerkennung zu verdienen?

- Gibt es irgendwelche Aktivitäten oder geistliche Übungen, die Sie mehr aus dem Verlangen heraus tun, Gottes Anerkennung zu bekommen, als aus dem Verlangen, Gott näherzukommen?

8. Was macht es mit Ihnen, wenn Sie lesen, dass wir nicht Gottes VIPs oder sein bester Spieler sind?
   - Stört oder verwirrt Sie dieser Gedanke? Stimmen Sie der Aussage zu oder nicht? Warum?
   - Wenn wir nicht Gottes VIPs oder beste Spieler sind, was sind wir dann für ihn?

9. Die Gemeinde in Korinth machte den Fehler, darüber zu streiten, wer denn bedeutender sei: Paulus oder Apollos, der wie er die Gute Nachricht verbreitete. Dabei verloren sie Gott aus den Augen. Daraufhin schrieb ihnen Paulus: „Wer ist denn Apollos und wer ist Paulus, dass ihr euch unseretwegen streitet? Wir sind doch nur Diener. Durch uns hat Gott euch zum Glauben geführt; jeder von uns tat die Arbeit, die der Herr ihm auftrug. Meine Aufgabe bestand darin, den Samen in eure Herzen zu pflanzen, und Apollos hat ihn bewässert; aber es war Gott – nicht wir –, der ihn wachsen ließ. Wichtig ist nicht der, der pflanzt oder bewässert, wichtig ist Gott, denn er lässt den Samen wachsen" (1. Korinther 3,5–7).
   - Wer ist diesen Versen zufolge wichtig?
   - Und wer ist unwichtig?
   - Sträuben Sie sich gegen das, was Paulus hier schreibt, oder stimmen Sie ihm zu? Erläutern Sie Ihre Antwort.

10. Denken Sie einmal über folgende Verse nach:
„*Schaut die Vögel an. Sie müssen weder säen noch ernten noch Vorräte ansammeln, denn euer himmlischer Vater sorgt für sie. Und ihr seid ihm doch viel wichtiger als sie*" (Matthäus 6,26).

Du hast alles in mir geschaffen und hast mich im Leib meiner Mutter geformt. Ich danke dir, dass du mich so herrlich und ausgezeichnet gemacht hast! Wunderbar sind deine Werke, das weiß ich wohl (Psalm 139,13–14).

„*Denn Gott hat die Welt so sehr geliebt, dass er seinen einzigen Sohn hingab, damit jeder, der an ihn glaubt, nicht verloren geht, sondern das ewige Leben hat. Gott sandte seinen Sohn nicht in die Welt, um sie zu verurteilen, sondern um sie durch seinen Sohn zu retten*" (Johannes 3,16–17).

Diese Verse machen deutlich, dass Gott sich von ganzem Herzen um uns, seine Kinder, sorgt.
- Wie können wir Paulus' Aussage in 1. Korinther 3,5–7, dass wir nicht wichtig sind, damit in Einklang bringen, dass wir gleichzeitig Gottes geliebte Kinder sind?
- Warum liegen wir nach Aussage dieser Verse Gott am Herzen?
- Inwiefern unterscheidet sich das davon, dass wir versuchen, von Gott Lob und Beifall für unsere „Leistungen" einzuheimsen?
- Wie kann uns das Vertrauen auf Gottes Liebe sogar helfen, uns selbst zurückzunehmen?

11. Paulus schrieb an die Gemeinde in Rom: „Sind andere Menschen glücklich, dann freut euch mit ihnen. Sind sie traurig, dann begleitet sie in ihrem Kummer" (Römer 12,15). Lucado weist darauf hin, dass das eine gute Methode sei, um sich nicht nur ständig um sich selbst zu drehen. Er schlägt vor, diesen Vers in die Praxis umzusetzen, indem wir versuchen, uns während der nächsten 24 Stunden bewusst über all das Gute zu freuen, das anderen widerfährt.
    - Lassen Sie sich auf diese Herausforderung ein?
    - Wie könnten Sie Ihre Freude über das Gute, das andere erleben, aufrichtig zum Ausdruck bringen?
    - Notieren Sie, wie sich dieses Experiment auf Ihre eigenen Glücksgefühle auswirkt.

Kapitel 5

Die hohe Kunst des Grüßens

1. Am Anfang dieses Kapitels berichtet Lucado von einem Geschäftsmann, der sich eine Auszeit nahm.
   - Welche Gründe gab der Geschäftsführer dafür an?
   - Was stimmte nicht mit seinen Mitarbeitern?

2. Haben Sie zu Hause oder auf der Arbeit auch schon einmal eine solche Atmosphäre erlebt, wie Lucado sie hier beschreibt?
   - Waren Sie das Opfer von respektlosem Verhalten oder haben Sie selbst andere respektlos behandelt?
   - Was glauben Sie: Warum hat die schlechte Atmosphäre Respektlosigkeit gefördert?

3. In seinen Briefen weist Paulus die Gemeinden oft an, sich gegenseitig mit einem heiligen Kuss zu grüßen. Denken Sie einmal über folgende Verse nach:

Grüßt euch untereinander mit dem heiligen Kuss (Römer 16,16; LÜ).

Grüßt einander mit dem heiligen Kuss (1. Korinther 16,20; LÜ).

Grüßt euch untereinander mit dem heiligen Kuss (2. Korinther 13,12; LÜ).

Grüßt alle mit dem heiligen Kuss (1. Thessalonicher 5,26; LÜ).

Grüßt euch untereinander mit dem Kuss der Liebe (1. Petrus 5,14; LÜ).

Haben Sie diesen Anweisungen von Paulus schon einmal Beachtung geschenkt? Warum oder warum nicht?

4. Zur damaligen Zeit war diese Art der Begrüßung engen Freunden, Familienmitgliedern und Menschen vorbehalten, denen man Respekt erweisen wollte.
   - Wie begrüßen Sie Familienmitglieder, enge Freunde und Menschen, die Sie respektieren?
   - Unterscheidet sich das von der Art und Weise, wie Sie andere Menschen begrüßen? Wenn ja, warum begrüßen Sie sie anders?

5. Paulus spricht in seinem Brief an die Gemeinde in Rom sowohl ernste Probleme innerhalb der Gemeinde als auch tiefgehende theologische Fragen an. Deshalb mag es seltsam anmuten, dass er auch diese Anweisung eingefügt hat, sich gegenseitig mit einem heiligen Kuss

zu grüßen (Römer 16,16). Was glauben Sie: Warum hat Paulus das getan?

6. Wie erweist man anderen Respekt? Nennen Sie Beispiele.
   - Was genau drückt daran Respekt aus?
   - Warum ist es wichtig, respektvoll mit anderen umzugehen?

7. Anderen Respekt zu erweisen ist leicht, wenn man die betreffende Person wirklich respektiert. Aber wie kann man jemanden respektvoll behandeln, wenn man die Person nicht wirklich respektiert? Glauben Sie, dass wir alle Menschen mit Respekt behandeln sollten? Warum oder warum nicht?

8. Der heilige Kuss als Gruß wird bereits in 1. Mose 33 erwähnt, als die Brüder Esau und Jakob sich nach Jahren zum ersten Mal wiedersehen. Die Beziehung der beiden ist zu diesem Zeitpunkt sehr angespannt: Jakob hat seinen Vater Isaak durch eine List dazu gebracht, ihn zu segnen statt seinen Bruder Esau, der als Erstgeborener den Segen hätte empfangen sollen. Esau war so wütend darüber, dass er Jakob töten wollte, doch dieser ergriff die Flucht (nachzulesen in 1. Mose 27). Die Brüder lebten viele Jahre getrennt voneinander.
Als sie sich schließlich wieder begegnen, hat Esau sich offensichtlich verändert. In der Bibel heißt es: „Esau rannte ihm entgegen, fiel ihm um den Hals und küsste ihn. Beide weinten" (1. Mose 33,4).

Esau begrüßt seinen Bruder nicht nur mit einem Kuss – ein Zeichen von Respekt –, sondern fällt ihm auch noch um den Hals. Lesen Sie 1. Mose 33,1–16.
- Wie reagiert Jakob, als Esau ihm Liebe, Respekt und Zuneigung erweist?
- Warum, glauben Sie, ist Esau in der Lage, seinen Bruder respektvoll zu behandeln, obwohl Jakob ihm gegenüber respektlos war?
- Inwiefern kann diese Geschichte Sie ermutigen, jemanden zu respektieren, bei dem es Ihnen schwerfällt?
- Wie werden Sie diese Person das nächste Mal grüßen, wenn Sie sie sehen? Wie können Sie dafür sorgen, dass Sie wirklich alle Menschen gleich behandeln?

9. Anschließend erzählt Lucado die Geschichte über den gerade freigekommenen Häftling. Wie hat der Bürgermeister diesen begrüßt?
   - Welchen Einfluss hatte dieser Gruß auf den Sträfling?
   - Hat jemand Sie schon einmal zu Ihrer Überraschung respektvoll behandelt? Falls ja, was hat das mit Ihnen gemacht?

10. Lesen Sie Römer 16,1–16.
    - Was ist so besonders an der Liste der Menschen, die Paulus hier grüßt?
    - Was verrät uns diese Liste darüber, wen wir grüßen sollten?

11. Denken Sie einmal an gestern:
    - Wo waren Sie überall?
    - Mit wem haben Sie gesprochen?
    - Haben Sie auf der Arbeit, beim Einkaufen oder zu Hause vergessen, jemanden zu grüßen? Warum haben Sie die Person nicht gegrüßt?

12. Denken Sie jetzt an den vor Ihnen liegenden Tag.
    - Wie könnten Sie jemanden bewusst grüßen, den Sie normalerweise nicht grüßen?
    - Inwiefern kann das diese Person – und auch Sie selbst – glücklicher machen?

Kapitel 6

Eine starke Position

1. Fürbitte bedeutet, dass wir anstelle einer anderen Person und für diese Person beten.
   - Gehört diese Art von Gebet zu Ihrem täglichen Leben dazu? Warum oder warum nicht?
   - Glauben Sie, dass Fürbitte Ihnen nutzen kann? Warum oder warum nicht?
   - Haben Sie schon einmal für jemanden gebetet und Ihr Gebet wurde genau so erhört, wie Sie es sich vorgestellt hatten? Falls ja, wie hat sich dieses Erlebnis auf Sie ausgewirkt?
   - Haben Sie schon einmal für jemanden gebetet und Ihr Gebet wurde nicht so erhört, wie Sie es sich vorgestellt hatten? Falls ja, wie hat sich dieses Erlebnis auf Sie ausgewirkt?

2. Lesen Sie 1. Mose 18,16–33.
   - Wie würden Sie Abraham hier beschreiben? Mutig? Verrückt? Waghalsig? Naiv?
   - Warum verhandelte Abraham mit Gott, um Sodom zu retten?

3. 1. Mose 18,16–33 ist die erste Stelle in der Bibel, an der ein Mensch Gott bittet, seinen (Gottes) Plan noch einmal zu überdenken.
   - Wie hat Gott auf Abrahams Flehen reagiert?
   - Was verrät uns das über Gott?
   - Was verrät uns das über die Kraft der Fürbitte?

4. Vielleicht fällt es ja leichter zu glauben, Gott höre auf jemanden wie Abraham, den Stammvater des Volkes Israel, als zu glauben, dass Gott auf uns höre. Fällt es Ihnen manchmal schwer zu glauben, dass Gott Ihre Gebete hört? Warum oder warum nicht?

5. Lesen Sie Matthäus 8,5–13.
   - Warum hat Jesus den Diener des Hauptmanns geheilt?
   - Inwiefern spiegelt die Antwort von Jesus auf die Bitte des Hauptmanns Gottes Antwort auf Abrahams Bitte wider?
   - Was verrät uns diese Geschichte über die Art der Beziehung, die Gott durch Jesus Christus zu uns haben möchte?

6. In der Bibel heißt es, dass wir Gottes Kinder (1. Johannes 3,1), Botschafter Christi (2. Korinther 5,20) und Gottes heilige Priester (1. Petrus 2,5) sind. Wie wirken sich diese Bibelstellen auf Ihr Verständnis der Kraft Ihrer eigenen Gebete aus?

7. Vervollständigen Sie den folgenden Satz: „Wenn wir füreinander beten, betreten wir gewissermaßen Gottes Werkstatt, ergreifen einen Hammer und _____ _____ ihm, seine liebevollen Absichten für die Menschen zu erreichen."
   - Was halten Sie von dem Gedanken, dass Ihre Gebete Gott helfen, seine Absichten für eine Person Wirklichkeit werden zu lassen?
   - Wie bringen Sie diese Aussage in Einklang mit der Tatsache, dass Gott allmächtig und allwissend ist? Lesen Sie dafür Jeremia 32,17 und Jesaja 46,9–10.

8. Denken Sie über folgende Verse aus dem Jakobusbrief nach:

Kommt zu Gott, und Gott wird euch entgegenkommen (Jakobus 4,8).

Bekennt einander eure Schuld und betet füreinander, damit ihr geheilt werdet. Das Gebet eines gerechten Menschen hat große Macht und kann viel bewirken (Jakobus 5,16).

Der Jakobusbrief wurde während einer Zeit schwerer Unterdrückung an eine Gemeinschaft von Judenchristen geschrieben. Das Römische Reich hatte den Bewohnern ländlicher Gebiete in Palästina ihr Land weggenommen und die Menschen gezwungen, das Land wohlhabender Aristokraten zu bestellen, die sie wiederum nicht gerecht behandelten.[2] Die Christen fühlten sich

als Minderheit, die von einer fremden Macht beherrscht wurde, wahrscheinlich machtlos. Wir wissen, dass sie litten, weil Jakobus seinen Brief mit den Worten „Liebe Brüder, wenn in schwierigen Situationen euer Glaube geprüft wird, dann freut euch darüber" (Jakobus 1,2) beginnt.
- Wenn man den Kontext bedenkt: Warum hat er sie dann wohl dazu ermahnt zu beten?
- Gibt es eine Situation in Ihrem Leben, in der Sie sich machtlos fühlen?
- Wenn ja, haben Sie schon dafür gebetet? Warum oder warum nicht?

9. Lucado zitiert eine Studie von Dr. Harold G. Koenig von der Duke University, die ergab, dass Menschen, die religiös sind und mehr beten, „besser mit Stress fertigwerden, ein höheres Maß an Wohlbefinden verspüren, weil sie mehr Hoffnung haben, optimistischer sind, weniger unter Depressionen und Ängsten leiden und sich weniger häufig das Leben nehmen".
- Was halten Sie von den Ergebnissen dieser Studie?
- Konnten Sie diese positive Wirkung des Gebets auch in Ihrem Leben schon feststellen? Inwiefern?

10. Wie kann Fürbitte dafür sorgen, dass Sie selbst mehr Freude empfinden? Haben Sie das schon einmal erlebt, nachdem Sie für jemanden gebetet hatten? Falls ja, beschreiben Sie Ihr Erlebnis.

11. Schauen Sie sich Ihre Antworten auf die erste Frage noch einmal an.
    - Haben Sie beim Lesen des Kapitels und der Beantwortung dieser Fragen neue Erkenntnisse zur Bedeutung der Fürbitte gewonnen?
    - Wenn Ihnen die Vorstellung, für jemanden zu beten, immer noch Mühe bereitet, warum ist das so? Fühlen Sie sich machtlos angesichts der Situation des anderen? Glauben Sie nicht wirklich, dass Gott Sie hören wird? Glauben Sie, Sie seien es nicht wert, gehört zu werden?
    - Denken Sie einmal darüber nach, was Sie davon abhält, häufiger für andere zu beten.

12. Überlegen Sie, wer momentan Ihre Gebete gebrauchen könnte. Wie können Sie bei demjenigen, der helfen kann, für die Person eintreten, die in Not ist?

Kapitel 7

Sie sind dran

1. Lucado erzählt in diesem Kapitel von seinem Sonntagsschullehrer, der dazu beigetragen hat, dass er zu Jesus fand. Er beschreibt diesen Lehrer als einen „stillen Diener".
   - Ist Ihnen schon einmal so ein stiller Diener begegnet?
   - Falls ja, wer war das? Wie hat diese Person Sie beeinflusst?

2. Welche Sichtweise hat man an Ihrem Wohnort oder in Ihrer Kultur zu stillen Dienern?
   - Werden sie wertgeschätzt oder übersehen?
   - Welchen Einfluss hat diese Haltung gegenüber stillen Dienern auf Ihren Wunsch, anderen zu dienen?

3. In seinem Brief an die Gemeinde in Galatien schreibt Paulus: „Ihr seid berufen, liebe Freunde, in Freiheit zu leben – nicht in der Freiheit, euren sündigen Neigungen nachzugeben, sondern in der Freiheit, einander in Liebe zu dienen" (Galater 5,13). Das griechische Wort, das hier mit „dienen" übersetzt wird, ist *douleuó*, was so viel be-

deutet, wie jemandem als Sklave zu dienen, sich der Autorität eines anderen unterzuordnen und ihm zu gehorchen. Wenige Verse zuvor, in Galater 4,7, erklärt Paulus seinen Lesern, dass sie keine Sklaven mehr sind, sondern Kinder Gottes.
- Wenn Paulus schreibt, dass die Galater keine Sklaven mehr sind, sondern Kinder Gottes, warum fordert er sie dann auf, so zu dienen, als seien sie Sklaven?
- Inwiefern kann unsere Freiheit als Kinder Gottes unser Verlangen verstärken, anderen zu dienen?
- Haben Sie das schon einmal erlebt? Falls ja, wie?

4. Jesus kam durch Maria auf die Welt. Haben Sie schon einmal darauf geachtet, was die Bibel über sie sagt? Falls ja, warum? Falls nein, warum nicht?

5. Lesen Sie Lukas 1,26–38.
   - Was verraten diese Verse Ihnen darüber, was für ein Mensch Maria war?
   - Was sagen Ihnen diese Verse darüber, welche Menschen Gott gebraucht, um seinen Willen und seine liebevollen Absichten zu verwirklichen?
   - Was glauben Sie, warum Gott stille Diener gebraucht?

6. Jesus hat uns durch sein Leben, sein Sterben und seine Auferstehung vorgelebt, was es bedeutet, anderen zu dienen. Lesen Sie folgende Bibelstellen: Matthäus 9,35–36, Markus 8,1–10, Lukas 23,44–49, Johannes 21,4–14.
   - Wie hat Jesus gedient?
   - Wem hat Jesus gedient?

- Welches dieser Beispiele spricht Sie am meisten an und warum?

7. Jesus war das vollkommene Beispiel eines Dieners. Er hat sogar gesagt, dass er nicht auf die Erde gekommen sei, um sich bedienen zu lassen, sondern um anderen zu dienen (Matthäus 20,28). Aber auch denjenigen, die aktiv in der Gemeinde mitarbeiten und ihren Glauben leben, kann es schwerfallen, einander zu dienen. Warum ist das so?
   - Welche Gelegenheiten haben Sie, anderen zu dienen?
   - Falls Sie diese Gelegenheiten momentan nicht nutzen, was hält Sie davon ab?

8. Haben Sie kürzlich jemandem gedient? Erzählen Sie davon.
   - Was haben Sie getan?
   - Wie hat die Person reagiert?
   - Wie haben Sie sich dabei gefühlt?

9. Der Psychologe Bernard Rimland hat eine Studie durchgeführt, die den Zusammenhang zwischen Selbstlosigkeit und Glück erforscht.
   - Was glauben Sie, warum selbstlose Menschen glücklicher sind?
   - Haben Sie bei sich einen Zusammenhang zwischen Glücklichsein und Selbstlosigkeit festgestellt? Falls ja, welchen?

10. Manchmal dienen wir nicht, weil wir meinen, wir hätten nicht die Zeit oder Kraft dazu. Lesen Sie Jesaja 58,10–11.
    - Was wird diesen Versen zufolge passieren, wenn Sie sich der Hungrigen annehmen und die Notleidenden versorgen?
    - Inwiefern können diese Verse Sie ermutigen zu dienen, auch wenn Sie das Gefühl haben, zu wenig Zeit oder Kraft zu haben?
    - Haben Sie schon einmal erlebt, dass Gott Ihnen geholfen oder Kraft geschenkt hat, als Sie jemandem gedient haben, obwohl Sie dachten, Sie würden es nicht schaffen?
    - Wie hat Gott Ihnen geholfen?
    - Was hat diese Erfahrung Sie über die Bedeutung des Dienens im Leben eines Christen gelehrt?

11. Für manche Menschen besteht das Problem nicht darin, dass sie zu wenig dienen, sondern dass sie *zu viel* dienen. Jesus hat uns Dienstbereitschaft vorgelebt, aber er hat uns auch vorgelebt, dass wir uns regelmäßig Auszeiten nehmen müssen. Lesen Sie Lukas 5,15–16.
    - Wie hat Jesus zu einem Gleichgewicht gefunden zwischen dem Dienst an den Menschen und Ruhezeiten?
    - Nennen Sie Beispiele, wo Jesus geruht hat. Wie hat er diese Ruhezeiten verbracht?
    - Wie können Sie Jesu Gewohnheit, zu ruhen und sich zurückzuziehen, in Ihren vollen Zeitplan des Dienens einbauen?

12. Überlegen Sie, wo Sie heute in Bezug auf das Dienen stehen.
    - Wehren Sie sich dagegen? Warum? Was hält Sie davon ab? Wie können Sie Gott bitten, Ihnen zu helfen, anderen zu dienen?
    - Oder dienen Sie so viel, dass Sie das Gefühl haben, kurz vor einem Burn-out zu stehen? Aus welchem Dienst könnten Sie sich zurückziehen – zumindest zeitweise? Welche Art von Ruhepausen wollen Sie konkret einbauen?

Kapitel 8

Unwohlfühlbereich

1. Haben Sie sich schon einmal in einer Situation befunden, in der Sie das Gefühl hatten, dass andere Sie nicht annehmen? Falls ja, beschreiben Sie die Situation.
   - Wie sind Sie mit der Situation umgegangen?
   - Was hat Ihnen dabei geholfen?
   - Haben Sie schon einmal erlebt, wie jemand anderes nicht willkommen war? Erzählen Sie davon.
   - Wie hat diese Erfahrung Ihren Umgang mit anderen verändert?

2. In Lukas 5,1–11 wird davon berichtet, dass Jesus Petrus, Jakobus und Johannes – drei Fischer aus Galiläa – einlädt, seine Jünger zu werden. Einige Verse später, in Lukas 5,27–28, stößt Levi (auch unter dem Namen Matthäus bekannt) ebenfalls zu seinen Jüngern dazu.
   - Inwiefern unterschied sich Levi von Petrus, Jakobus und Johannes?
   - Was sagt das über Jesus aus und darüber, wen er in die Nachfolge beruft?

3. In Lukas 5,29–31 wird davon berichtet, dass Levi ein Festmahl für Jesus gibt und seine (Levis) Freunde dazu einlädt.
   - Welche Art von Menschen nahmen an diesem Festmahl teil?
   - Was hielten die Pharisäer von dieser Feier und den Gästen?
   - Was hat Jesus den Pharisäern geantwortet?

4. Lesen Sie Lukas 5,29–31 noch dreimal. Versetzen Sie sich jedes Mal in eine andere Person bzw. Personengruppe dieser Geschichte: Levi, die Zöllner und Sünder sowie die Pharisäer.
   - Wie war es wohl, bei diesem Festmahl Levi zu sein, nachdem er Jesus kennengelernt hatte? Können Sie sich mit irgendetwas von ihm und seiner Geschichte identifizieren? Falls ja, womit im Einzelnen?
   - Wie war es wohl, bei diesem Festmahl als Zöllner bzw. Sünder an einem Tisch mit Jesus zu sitzen? Können Sie sich mit dieser Gruppe identifizieren? Falls ja, womit im Einzelnen?
   - Wie war es wohl, dieses Geschehen als Pharisäer zu erleben? Können Sie sich mit der Reaktion und dem Verhalten der Pharisäer identifizieren? Falls ja, inwiefern?

Lucado schreibt: „Ihr Levi ist Ihr genaues Gegenteil." Wo gibt es so eine Person in Ihrem Leben?
   - Was macht sie zu Ihrem „genauen Gegenteil"?
   - Wie gehen Sie mit dieser Person um?

5. In seinem Brief an die Römer schreibt Paulus: „Nehmt einander an, wie Christus euch angenommen hat, denn dadurch wird Gott geehrt" (Römer 15,7). Warum sollen wir einander annehmen?

6. Das griechische Wort, das in Römer 15,7 mit „annehmen" übersetzt wird, ist *proslambanó*, was so viel bedeutet wie „in der Gemeinschaft und im Herzen willkommen zu heißen".
   - Was verrät Ihnen diese Definition darüber, wie Christen einander annehmen sollen?
   - Haben Sie Ihren Levi so angenommen? Weshalb oder weshalb nicht?

7. Einander anzunehmen kann eine Herausforderung sein, wenn man mit dem Verhalten oder den Überzeugungen des anderen alles andere als übereinstimmt.
   - Glauben Sie, dass wir jeden annehmen sollen, ohne Ausnahme? Warum oder warum nicht?
   - Wo liegt der Unterschied zwischen „jemanden annehmen" und „sein Verhalten gutheißen"?

8. An einer Stellte sagte Jesus zu seinen Jüngern: „Und wenn ich gegangen bin und euch den Platz bereitet habe, dann werde ich zurückkommen und euch zu mir nehmen, damit auch ihr seid, wo ich bin" (Johannes 14,3; GN). Das Wort, das Jesus hier für „zu mir nehmen" gebraucht, ist das gleiche wie bei Paulus in Römer 15,7 – *proslambanó*. Was sagt Ihnen das über die Art und Weise, wie Jesus uns zu sich nimmt?

9. Lucado betont, dass Jesus voll Gnade und Wahrheit war (Johannes 1,14).
   - Was bedeuten die Worte „Gnade" und „Wahrheit" für Sie?
   - Inwiefern hat Jesus in seinem Umgang mit der Ehebrecherin, die auf frischer Tat ertappt worden war, Gnade und Wahrheit an den Tag gelegt (nachzulesen in Johannes 8,2–11)?
   - Es ist gar nicht so leicht, anderen sowohl mit Gnade als auch mit Wahrheit zu begegnen, ohne auf einer der beiden Seiten vom Pferd zu fallen. Wenn es um Annahme geht: Tendieren Sie dann eher zur Gnade oder zur Wahrheit? Warum?

10. Lesen Sie Römer 15,7 noch einmal.
    - Was bewirkt es für Gott, wenn wir einander annehmen?
    - Inwiefern wird Gott geehrt, wenn wir einander annehmen?
    - Wie kann Sie das motivieren, sich darum zu bemühen, andere anzunehmen?

11. Sich in andere hineinzuversetzen, wie Sie es mit den unterschiedlichen Personen in Lukas 5,29–31 getan haben, kann sehr hilfreich sein, wenn wir einander annehmen wollen. Lucado zitiert Raleigh Washington, einen afroamerikanischen Prediger, der den größten Teil seines Lebens der Rassenversöhnung gewidmet hat. Dieser hat gesagt, dass vor allem ein Satz von grundsätzlicher Bedeutung ist, wenn wir versuchen, Brücken zwischen

Menschen zu bauen: „Hilf mir zu verstehen, wie es ist, du zu sein."

- Haben Sie schon einmal versucht zu verstehen, wie es ist, Ihr Levi zu sein?
- Können Sie Ihren Levi fragen, wie es ist, er oder sie zu sein?
- Inwiefern würde es Ihnen helfen, Ihren Levi anzunehmen, wenn Sie ihn/sie verstehen würden?

Kapitel 9

Machen Sie den Mund auf

1. Wie reagieren Sie, wenn jemand Ihnen Einblick in das gibt, was ihm zu schaffen macht?
   - Ermutigen Sie die Person gewöhnlich mit Worten? Hören Sie zu? Tun Sie ihm oder ihr etwas Gutes?
   - Warum ist das Ihre Standardreaktion?
   - Wie möchten Sie, dass andere auf *Ihren* Schmerz reagieren?

2. Hat Ihnen schon einmal jemand von seinen Problemen erzählt und dabei Zweifel geäußert, ob Gott ihm oder ihr helfen wird? Falls ja, wie haben Sie reagiert?
   - Haben Sie schon einmal jemandem von Ihren Problemen und Zweifeln darüber erzählt, ob Gott Ihnen helfen wird?
   - Falls ja, wie hat Ihr Gegenüber reagiert?
   - War das hilfreich? Erklären Sie, warum oder warum nicht.

3. Als Jesus vier Tage nach Lazarus' Tod in Betanien eintraf, begrüßte Marta ihn mit den Worten: „Herr, wärst du hier gewesen, wäre mein Bruder nicht gestorben" (Johannes 11,21). Wie hat Jesus auf diesen Vorwurf reagiert (Verse 25–26)?

4. Das griechische Wort, das im Deutschen mit „ermahnen" übersetzt wird, ist *noutheteó*[3], was so viel bedeutet wie „auffordern". Eine Aufforderung ist eine Ermutigung mit einem Aufruf. Denken Sie einmal über folgende Verse nach. Bei den fett gedruckten Worten steht im Original *noutheteó*.

*Deshalb erzählen wir überall, wo wir hinkommen, von Christus. Wir **warnen** die Menschen und lehren sie mit aller Weisheit, die Gott uns geschenkt hat, denn wir möchten sie als Menschen vor Gott hinstellen, die im Glauben an Christus vollkommen sind (Kolosser 1,28).*

*Gebt den Worten von Christus viel Raum in euren Herzen. Gebraucht seine Worte weise, um einander zu lehren und zu **ermahnen**. Singt, von Gnade erfüllt, aus ganzem Herzen Psalmen, Lobgesänge und geistliche Lieder für Gott (Kolosser 3,16).*

*Ich schreibe das alles nicht, um euch zu beschämen. Vielmehr möchte ich euch wieder **auf den rechten Weg bringen**. Ihr seid doch meine geliebten Kinder! Selbst wenn ihr Tausende von Erziehern hättet, die euch im Glauben unterweisen, so habt ihr doch nicht viele Väter. Als ich euch* *die rettende Botschaft von Jesus Christus brachte und ihr dadurch neues Leben empfingt, bin ich euer Vater geworden. Darum bitte ich euch eindringlich: Folgt meinem Beispiel!* (1. Korinther 4,14–16; Hfa).

- Was lernen Sie aus diesen Versen über Ermahnung?
- Was ist der Unterschied zwischen Ermahnung und Ermutigung?
- Wurden Sie schon einmal von jemandem so ermahnt?
- Was hat der Betreffende gesagt und wie haben Sie sich dabei gefühlt?

5. Was hat Jesus zu seinen Jüngern gesagt, bevor er nach Betanien ging, um Maria und Marta nach Lazarus' Tod zu besuchen (nachzulesen in Johannes 11,4)?
   - Was war nach Aussage von Jesus der Sinn von Lazarus' Tod?
   - Warum konnte Jesus Marta daher ermahnen, noch bevor er Lazarus zum Leben erweckte (Johannes 11,25–26)?

6. Haben Sie schon einmal etwas Tragisches erlebt, von dem Sie rückblickend erkennen, dass dadurch „Gottes Macht und Herrlichkeit sichtbar" wurde?
   - Was war das für ein Ereignis und wie hat sich dadurch Gottes Macht und Herrlichkeit gezeigt?
   - Hat diese Erfahrung Ihnen geholfen, andere zu ermutigen, als sie ebenfalls etwas Tragisches erlebt haben? Wenn ja, wie?

7. Es ist leicht, andere zu ermahnen, wenn unser Glaube stark ist. Aber wie können wir sie ermahnen, wenn unser Glaube auf schwachen Beinen steht?
   - Haben Sie schon einmal versucht, jemanden in Glaubensdingen zu ermutigen, als Ihr eigener Glaube eher ins Wanken geraten war? Was haben Sie in dieser Situation gesagt?
   - In Hebräer 4,12–13 steht: „Das Wort Gottes ist lebendig und wirksam. Es ist schärfer als das schärfste Schwert und durchdringt unsere innersten Gedanken und Wünsche. Es deckt auf, wer wir wirklich sind, und macht unser Herz vor Gott offenbar. Nichts in der ganzen Schöpfung ist vor ihm verborgen. Alles ist nackt und bloß vor den Augen Gottes, dem wir für alles Rechenschaft ablegen müssen." Was können wir vor Gottes Augen verbergen?
   - Wie können Sie sich mithilfe von Gottes Wort selbst ermahnen?
   - Gibt es Bibelverse, auf die Sie immer wieder zurückgreifen? Falls ja, welche? Falls nein, suchen Sie sich einige Verse heraus, die Sie ermutigen.

8. Was ist nach Lucado die Aufgabe der Gemeinde?
   - Haben Mitglieder Ihrer Gemeinde Ihnen schon einmal geholfen, Ihren Glauben wiederzufinden? Wie haben sie das getan?
   - Kennen Sie jemanden, der Hilfe braucht, weil er den richtigen Weg aus den Augen verloren hat? Wenn ja, wen? Wie können Sie diese Person in der nächsten Woche ermutigen?

Kapitel 10

Fertiggemacht

1. Was halten Sie von der Wendung „Vergeben und vergessen"?
   - Ist das Ihr Motto?
   - Glauben Sie, dass das möglich ist?
   - Haben Sie das in Ihrem Leben erfolgreich umgesetzt?
   - Erläutern Sie Ihre Antworten.

2. Was bewirkt Vergebung diesem Kapitel zufolge *nicht*? Stimmen Sie dieser Aussage zu? Begründen Sie Ihre Antwort.

3. Was ist Vergebung nach Aussage des Autors? Haben Sie Vergebung bisher so verstanden oder unterscheidet sich Ihre Definition von Vergebung von der des Autors? Wenn ja, inwiefern?

4. Woran erkennen Sie – nach eigener Erfahrung –, ob Sie jemandem wirklich vergeben haben? Woran erkennen Sie, ob Sie jemandem nicht vergeben haben?

5. Denken Sie an ein Ereignis, bei dem Sie jemandem vergeben konnten, der Sie verletzt hatte. Was hat Ihnen ermöglicht, dem Betreffenden zu vergeben?

6. Einer Studie der Duke University zufolge haben vier von acht Faktoren, die emotionale Stabilität fördern, mit Vergebung zu tun:
   a. Vermeiden von Misstrauen und Ressentiments.
   b. Nicht in der Vergangenheit leben.
   c. Weder Zeit noch Energie darauf verschwenden, sich gegen Umstände zu wehren, die man nicht ändern kann.
   d. Nicht in Selbstmitleid verfallen, wenn man schlecht behandelt wird.
   - Mit welchem dieser Faktoren haben Sie am meisten zu kämpfen und warum?
   - Welchen dieser Faktoren haben Sie gut im Griff und warum?

7. In seinem Brief an die Epheser schreibt Paulus: „Seid vielmehr freundlich und barmherzig und vergebt einander, so wie Gott euch durch Jesus Christus vergeben hat" (Epheser 4,32; Hfa).
   - Haben Sie die Vergebung angenommen, die Jesus Ihnen anbietet?
   - Falls ja, hat das Auswirkungen darauf, wie und warum Sie anderen vergeben?
   - Falls Sie es (noch) nicht getan haben: Wie fühlen Sie sich bei dem Gedanken, dass Jesus Christus Ihnen Ihre Sünden vergeben will? Fällt es Ihnen leicht oder

schwer, dieses Angebot anzunehmen? Erklären Sie Ihre Antwort.

8. Auf den Seiten 137–139 erzählt Max Lucado die Ereignisse von Johannes 13,3–5 nach. Lesen Sie den Bericht langsam durch, und versuchen Sie, sich in eine der Figuren hineinzuversetzen.
   - Welche Einzelheiten sind Ihnen dabei aufgefallen und warum?
   - Was verrät uns dieser Abschnitt über Jesus?

9. Lesen Sie Johannes 13,2–5 und 15–17. Jesus wusch Petrus und Judas die Füße, obwohl er wusste, dass sie ihn verraten würden.
   - Was verrät Ihnen das über die Vergebung, die Jesus uns anbietet?
   - Was sagt Ihnen das darüber, wie Jesus Christus Ihnen vergeben hat?
   - Was verrät Ihnen das über die Bereitschaft von Jesus, auch Menschen zu vergeben, bei denen Ihnen das schwerfällt?

10. Welche Anweisung gibt Jesus seinen Jüngern, unmittelbar nachdem er ihnen die Füße gewaschen hat (Johannes 13,14–15)?
    - Behalten Sie seine Anweisung im Hinterkopf, und denken Sie jetzt an eine Person, der Sie vergeben müssten, was Sie aber noch nicht getan haben.
    - Warum fällt es Ihnen schwer, dieser Person zu vergeben?

- Inwiefern könnte das Wissen um die Tatsache, dass Jesus Ihnen vergeben hat, Ihnen dabei helfen, wiederum dieser Person zu vergeben?

11. Überdenken Sie mit dieser Person im Hinterkopf noch einmal die Schritte der Vergebung, die Lucado in diesem Kapitel vorschlägt:
    - Finden Sie heraus, was Sie vergeben müssen.
    - Fragen Sie sich, warum es wehgetan hat.
    - Bringen Sie das Problem zu Jesus.
    - Sagen Sie der Person, dass sie Sie verletzt hat und wodurch.
    - Beten Sie für die Person, die Sie verletzt hat.
    - Tragen Sie die Verletzung zu Grabe.
    - Welche(n) dieser Schritte haben Sie schon vollzogen?
    - Welche(n) müssen Sie noch vollziehen? Was hält Sie davon ab?
    - Inwiefern wäre Ihr Leben glücklicher, wenn Sie dem/der Betreffenden vollständig vergeben?
    - Inwiefern raubt es Ihnen Ihr Glück, wenn Sie dieser Person nicht vergeben?

12. Der Epheserbrief war ursprünglich ein Brief von Paulus an eine Gemeinde. Das legt nahe, dass seine Vorschläge zur Vergebung sich nicht nur auf einzelne Personen, sondern auch auf die Gemeinde als Ganzes beziehen.
    - Was hat diese Gemeinde wohl durchgemacht, dass Paulus ihnen eine Anweisung wie die in Epheser 4,32 schrieb?

- Wie kann Vergebung eine größere Gemeinschaft beeinflussen?
- Wie kann die Weigerung zu vergeben eine größere Gemeinschaft beeinflussen?
- Inwiefern kann es uns helfen, einander zu vergeben, wenn wir Teil einer Gemeinschaft sind?

Kapitel 11

Lass dich lieben und dann gib diese Liebe weiter

1. Lucado beginnt dieses Kapitel mit der Geschichte von Andrea Mosconi. Was war Mosconis Aufgabe? Inwiefern haben wir eine ähnliche Aufgabe?

2. Wer bringt das Beste in Ihnen hervor und wie macht der Betreffende dies?

3. Das vielleicht wichtigste Gebot, das Jesus uns gegeben hat, steht in Johannes 13,34: „So gebe ich euch nun ein neues Gebot: Liebt einander. So wie ich euch geliebt habe, sollt auch ihr einander lieben." Dieses Gebot wird an anderer Stelle im Neuen Testament wiederholt. Denken Sie im Licht von Johannes 13,34 über folgende Verse nach:

Bleibt niemandem etwas schuldig, abgesehen von der Liebe, die ihr einander immer schuldig seid. Denn wer den anderen liebt, hat damit das Gesetz Gottes erfüllt (Römer 13,8).

Liebe Freunde, weil Gott uns so sehr geliebt hat, sollen wir auch einander lieben (1. Johannes 4,11).

- Was sagen diese Verse darüber aus, wie und warum wir einander lieben sollen?
- Beschreiben Sie mit Ihren eigenen Worten, was es bedeutet und wie es aussehen könnte, jemanden zu lieben.
- Das griechische Wort, das hier im Deutschen in allen drei Versen mit „Liebe" übersetzt wird, ist *agape*. Was bedeutet *agape*?
- Was meinte Jesus wohl, als er sagte, wir sollen einander lieben (*agape*)?

4. Der Autor stellt in diesem Kapitel eine wichtige Frage: „Haben Sie sich von Gott lieben lassen?"
    - Was würden Sie auf diese Frage antworten?
    - Wenn Sie mit Ja antworten: Wie spüren Sie Gottes Liebe?
    - Wenn Sie mit Nein antworten: Erläutern Sie Ihre Antwort.
    - Wenn Sie sich nicht sicher sind: Erläutern Sie, inwiefern Sie sich nicht sicher sind.

5. Lucado sagt, dass wir andere nur dann wirklich lieben können, wenn wir selbst die Liebe von Jesus Christus zu uns angenommen haben. Wenn wir diese Liebe erleben, können wir auch andere lieben.
    - Hat Ihnen das Bewusstsein von Gottes Liebe geholfen, andere zu lieben? Falls ja, wie?

- Haben Sie schon einmal versucht, jemanden zu lieben, während Sie selbst sich ungeliebt gefühlt haben? Wie war das?

6. Lesen Sie die folgenden Verse: 5. Mose 7,7–9, Römer 5,8 und Epheser 2,8–10.
    - Was sagen diese Verse darüber aus, warum uns Gott liebt?
    - Warum ist Jesus für uns gestorben?
    - Glauben Sie, dass Gott Sie liebt – einfach nur, weil er Sie erwählt hat? Oder ertappen Sie sich dabei, dass Sie sich die Anerkennung und Gunst von anderen Menschen und von Gott erarbeiten wollen?
    - Kennen Sie jemanden, der wirklich in dem Bewusstsein lebt, dass Gott ihn liebt? Woran können Sie sehen, dass diese Person sich geliebt fühlt?

7. Bei welcher Person oder Gruppe von Menschen fällt es Ihnen schwer, sie zu lieben?
    - Wie könnte das Bewusstsein von Gottes Liebe Ihnen helfen, diese Menschen zu lieben?
    - Inwiefern könnte es Sie glücklich machen, diese Menschen zu lieben?

8. In seinem Buch *Du bist der geliebte Mensch* geht Henri Nouwen darauf ein, wie schwer es uns fällt, daran zu glauben, dass wir von Gott geliebt werden. Um uns dabei zu helfen, dies doch zu tun, schlägt Nouwen vor, regelmäßig still dazusitzen und auf Gottes Stimme zu hören.

„Es ist nicht leicht, in die Stille zu kommen und die vielen lauten und fordernden Stimmen dieser Welt hinter uns zu lassen", schreibt Nouwen. Aber wenn wir das tun, sagt er, werden wir keine schimpfende Stimme hören, die uns bestraft oder unzufrieden mit uns ist. Vielmehr werden wir *„eine leise, vertraute Stimme hören, die sagt: ‚Du bist mein geliebtes Kind, an dir habe ich Gefallen'* ... *wenn wir es wagen, unsere Einsamkeit anzunehmen und uns mit der Stille anzufreunden, werden wir mit dieser Stimme vertraut werden."*[4]

- Was würde Gott wohl zu Ihnen sagen, wenn Sie sich Zeit nähmen, um in seiner Gegenwart still zu sein?
- Ist das ein unbequemer Gedanke für Sie? Warum oder warum nicht?
- Können Sie Nouwens Worten Glauben schenken und für sich annehmen, dass Gott Sie sein „geliebtes Kind" nennen würde?
- Verbringen Sie heute einige Zeit in der Stille, und hören Sie auf die Stimme Gottes, die einfach nur sagt: „Ich liebe dich."

Der nächste Schritt

Die Glücks-Challenge

1. Lucado fordert Sie in diesem Kapitel heraus, in den nächsten 40 Tagen 100 Menschen glücklich zu machen.
   - Sind Sie bereit, sich auf diese Challenge einzulassen?
   - Zögern Sie bei dieser Herausforderung? Wenn ja, weshalb?
   - Freuen Sie sich auf die Herausforderung? Wenn ja, warum?

2. In diesem Buch haben Sie zehn Wege kennengelernt, wie Sie andere und damit sich selbst glücklich machen können:

   a. Ermutigt einander (1. Thessalonicher 5,11).
   b. Ertragt einander (Epheser 4,2).
   c. Interessiert euch füreinander und für das, was der andere tut (Philipper 2,4).
   d. Grüßt einander (Römer 16,16).
   e. Betet füreinander (Jakobus 5,16).
   f. Dient einander (Galater 5,13).
   g. Nehmt einander an (Römer 15,7).

h. Ermahnt einander (Kolosser 3,16).
i. Vergebt einander (Epheser 4,32).
j. Liebt einander (1. Johannes 3,11).

- Gibt es zwei oder drei Punkte, bei denen es Ihnen leichtfällt, sie in den nächsten 40 Tagen umzusetzen, um andere glücklich zu machen?
- Gibt es zwei oder drei Punkte, bei denen es Ihnen nicht so leichtfällt, die Sie aber in den nächsten 40 Tagen angehen wollen?

3. Auf einer Skala von 1–10: Wie glücklich sind Sie im Moment? *(10=überglücklich; 1=sehr unglücklich)*

4. Nehmen Sie sich ein paar Minuten Zeit, und überlegen Sie sich fünf Menschen, die Sie in den nächsten 40 Tagen glücklich machen wollen. Notieren Sie die Namen und wie Sie sie mithilfe einer der „einander"-Verse glücklich machen könnten.

5. Beantworten Sie am Ende der 40-Tage-Challenge die folgenden Fragen:
   - Wie schätzen Sie Ihr Glücksgefühl jetzt ein – im Vergleich zum Beginn dieser Challenge?
   - Was war für Sie der bemerkenswerteste Teil der Aufgabe und warum?
   - Was war besonders schwer an dieser Challenge und warum?
   - Wie können Sie dieses Glücksgefühl zu einem Bestandteil Ihres täglichen Lebens machen?

Danksagung

Ein schallendes Hipphipphurra ...

... für Karen Hill und Liz Heaney, zwei unschätzbar wertvolle Lektorinnen, die wissen, wie man einen sturen Autor dazu bringt, das Gesagte noch besser zuzuspitzen.

... für Carol Bartley, eine unvergleichliche Korrektorin, die ein wahrer Sherlock Holmes ist, wenn es darum geht, Fehler zu finden. Deinem scharfen Blick entgeht aber auch nichts!

... für Steve und Cheryl Green, seit über 40 Jahren meine Freunde und Partner. Diese Beziehung bedeutet uns so viel.

... für das Team von HCCP, die Größten, wenn es darum geht, Standards zu setzen: Mark Schoenwald, David Moberg, Brian Hampton, Mark Glesne, Jessalyn Foggy, Janene MacIvor und Laura Minchew.

... für meine Produktmanager Greg und Susan Ligon. Jeder Autor braucht solche „Gregs und Susans", ganz besonders dieser.

... für Dave Treat: Danke, dass du so beständig für dieses Manuskript und für viele andere gebetet hast.

... für meine Assistentinnen Janie Padilla und Margaret Mechinus: für alles, von dem ich weiß, dass ihr es tut, und für die vielen Dinge, bei denen ich mir nicht einmal bewusst bin, dass ihr sie tut!

... für die Mitarbeiterinnen und Mitarbeiter sowie die Ältesten der *Oak Hills Church*. Ihr seid treu und unerschütterlich, und es macht viel Spaß mit euch.

... für Ed und Becky Blakey. Danke für eure überragende Gastfreundschaft und dass ich euer Schreibzimmer nutzen durfte.

... für Brett, Jenna, Rosie und Max, Andrea, Jeff und Sara – unsere wunderbare Familie. Ich liebe euch über alles.

... und für Denalyn, meine Frau. Wie man wahres Glück findet, das von Dauer ist? Ganz einfach: Man heiratet Denalyn. Bei mir hat das jedenfalls funktioniert. Ich liebe dich.

Anmerkungen

Kapitel 1: Der unerwartete Weg zur Freude

1 „Mr. Happy Man – Johnny Barnes", https://youtu.be/v_EX5NzqNXc, siehe auch: Jarrod Stackelroth: „Mr. Happy Man". In: *Adventist Record*, 21. Juli 2016, https://record.adventistchurch.com/2016/07/21/mr-happy-man.
2 Kathy Caprino: „The Top 10 Things People Want in Life but Can't Seem to Get". In: *Huffington Post*, 6. Dezember 2017, https://www.huffingtonpost.com/kathy-caprion/the-top-10-things-people-_2_b_9564982.html.
3 David Shimer: „Yale's Most Popular Class Ever: Happiness". In: *New York Times*, 26. Januar 2018, https://nytimes.com/2018/01/26/nyregion/at-yale-class-on-happiness-draws-huge-crowd-laurie-santos.html.
4 Sonja Lyubomirsky: *The How of Happiness: A Practical Approach to Getting the Life You Want*. London: Piatkus, 2007, S. 25. (dt.: *Glücklichsein: Warum Sie es in der Hand haben, zufrieden zu leben*. Frankfurt am Main: Campus Verlag, 2018).
5 Ed Diener, Carol Nickerson, Richard E. Lucas, Ed Sandvik: „Dispositional Affect an Job Outcomes". In: *Social Indicators Research* 59, Nr. 3, September 2002, S. 229–259, https://link.springer.com/article/10.1023/A:1019672513984.
6 Shana Lebowitz: „A New Study Finds a Key Component of Effective Leadership Is Surprisingly Simple". In: *Business Insider*, 19. August 2015, https://www.businessinsider.com/why-happy-people-are-better-leaders-2015-8.
7 Alexandra Sifferlin: „Here's How Happy Americans Are Right

Now". In: *Time*, 26. Juli 2017, https://time.com/4871720/how-happy-are-americans/.

Die deutschen Zahlen unterscheiden sich deutlich davon. Laut einer internationalen Studie des Markt- und Meinungsforschungsinstituts Ipsos, die im Mai und Juni 2019 in 28 Ländern weltweit durchgeführt wurde, war eine überwiegende Mehrheit der Deutschen (78 %) nach eigenem Bekunden zu diesem Zeitpunkt glücklich. Die US-Zahlen liegen dieser Studie zufolge sogar bei 80 %. Sie können diese Studie hier einsehen: https://www.ipsos.com/sites/default/files/ct/news/documents/2019-08/happinessstudy_global_deck_aug2019_0.pdf.

8 Lyubomirsky: *The How of Happiness*. A.a.O., S. 37.
9 „Depression könnte 2020 zweithäufigste Todesursache sein". In: *Augsburger Allgemeine* vom 28.10.2016. https://www.augsburger-allgemeine.de/wissenschaft/Depression-koennte-2020-zweithaeufigste-Todesursache-sein-id37473692.html.
10 Jean M. Twenge: „Why Adults Are Less Happy Than They Used to Be: But Young People Are Happier". In: *Psychology Today*, 6. November 2015, https://www.psychologytoday.com/blog/our-changing-culture/201511/why-adults-are-less-happy-they-used-to-be.
11 Lyubomirsky: *The How of Happiness*. A.a.O., S. 20–21.
12 Melissa Dahl: „A Classic Psychology Study on Winning the Lottery Won't Make You Happier". In: *The Cut*, 13. Januar 2016, https://www.thecut.com/2016/01/classic-study-on-happiness-and-the-lottery.html.
13 Daniel Kahneman u. Angus Deaton: „High Income Improves Evaluation of Life but Not Emotional Well-Being". In: *PNAS*, 4. August 2010, S. 3. http://www.pnas.org/content/early/2010/08/27/1011492107.
14 Ed Diener, Jeff Horwitz u. Robert A. Emmons: „Happiness of the Very Wealthy". In: *Social Indicators Research* 16, S. 263–274, https://emmons.faculty.ucdavis.edu/wp-content/uploads/sites/90/2015/08/1985_1happiness-wealthy.pdf.
15 Daniel Gilbert, zitiert von Carey Goldberg in: „Too Much of a Good Thing". In: *Boston Globe*, 6. Februar 2006, http://archive.boston.com/yourlife/health/mental/articles/2006/02/06/too_much_of_a_good_thing.

16 Berkeley Wellness: „What Is the Science of Happiness?", 9. November 2015, http://www.berkeleywellness.com/healthy-mind-/mind-body/article/what-science-happiness.
17 Lyubomirsky: *The How of Happiness*. A. a. O., S. 23.
18 Randy Alcorn: *Happiness*. Carol Stream: Tyndale, 2015, S. 19.

Kapitel 2: „Du bist der Größte, Rocky"

1 W. E. Vine: *Vine's Expository Dictionary of New Testament Words: A Comprehensive Dictionary of the Original Greek Words with Their Precise Meanings for English Readers*. McLean: MacDonald Publishing. „Comfort, Comforter, Comfortless" (dt.: Trost, Tröster, trostlos), S. 209–210.
2 Vine: *Vine's Expository Dictionary*. A. a. O. „Encourage, Encouragement" (dt.: ermutigen, Ermutigung), S. 366.
3 Hara Esthoff Marano: „Marriage Math". In: *Psychology Today*, 16. März 2004, https://www.psychologytoday.com/us/articles/200403/marriage-math.
4 Jack Zenger u. Joseph Folkman: „The Ideal Praise-to-Criticism Ratio". In: *Harvard Business Review*, 15. März 2013, https://hbr.org/2013/03/the-ideal-praise-to-criticism.
5 Lynne Malcom: „Scientific Evidence Points to Importance of Positive Thinking". In: *ABC RN*, 17. Juni 2015, http://www.abc.net.au/radionational/programs/allinthemind/the-scientific-evidence-for-positive-thinking/6553614.
6 Zitiert von Alan Loy McGinnis in: *The Friendship Factor: How to Get Closer to the People You Care For*. Minneapolis: Augsburg, 1979, S. 69.
7 Andrew Shain: „As He Heads to the U. S. Senate, Tim Scott Praises Early Mentor". In: *Beaufort Gazette*, 2. Juli 2013, http://www.islandpacket.com/news/local/community/beaufort-news/article33492450.html.
8 Gary Smalley u. John Trent: *Leaving the Light On: Building the Memories that Will Draw Your Kids Home*. Sisters: Multnomah, 1994, S. 27–28.
9 McGinnis: *The Friendship Factor*. A. a. O., S. 95.

Kapitel 3: Macken

1 Vine: *Vine's Expository Dictionary*. A. a. O. „Longsuffering" (dt.: Langmut), S. 694.
2 Zitiert in: Alan Loy McGinnis: *The Friendship Factor: How to Get Closer to the People You Care For*. Minneapolis: Augsburg, 1979, S. 69.
3 Diese Geschichte schrieb Alice H. Cook in der *Reader's Digest*-Ausgabe vom Dezember 1996, S. 140.

Kapitel 4: Der wunderbare Klang der zweiten Geige

1 Hannah Withall Smith: *The Christian's Secret of a Holy Life: The Unpublished Personal Writings of Hannah Withall Smith*. Melvin E. Dieter, Hrsg. Grand Rapids: Zondervan, 1994, S. 10–11.

Kapitel 5: Die hohe Kunst des Grüßens

1 Deborah Norville: *The Power of Respect: Benefit from the Most Forgotten Element of Success*. Nashville: Thomas Nelson, 2009, S. 6–8.
2 John Henry Jowett: *The Best of John Henry Jowett*. Gerald Kennedy, Hrsg. New York: Harper and Brothers, 1948, S. 89. https://archive.org/stream/bestofjohnhenryj012480mbp/ bestofjohnhenryj012480mbp_djvu.txt.
3 Lyumbomirsky: *The How of Happiness*. A. a. O., S. 150–151.
4 Kasley Killam: „A Hug a Day Keeps the Doctor Away". In: *Scientific American*, 17. März 2015. https://www.scientificamerican.com/article/a-hug-a-day-keeps-the-doctor-away.
5 John Stott: *Romans: God's Good News for the World*. Downers Grove: InterVarsity, 1994, S. 395.
6 „Aristobulus", *Bible Hub*: http://biblehub.com/topical/a/aristobulus.htm.
7 E. Badian: „Narcissus: Roman Official". In: *Encyclopedia Britannica*. http://www.britannica.com/biography/narcissus-roman-official.

8 Davon geht man aus, weil Markus, dessen Evangelium entweder in Rom oder für die Gemeinde in Rom verfasst wurde, der einzige Evangelist ist, der die Söhne von Simon namentlich erwähnt, und zwar auf eine Art und Weise, als seien sie den Lesern bekannt. Siehe Markus 15,21.
9 „Sumter County Church Chronology", Eintrag im Juni 1965. http://www.sumtercountyhistory.com/church/SC_ChurchChr.htm.

Kapitel 6: Eine starke Position

1 „Science Proves the Healing Power of Prayer". In: *Newsmax Health*, 31. März 2015. https://www.newsmax.com/health/headline/prayer-health-faith-medicine/2015/03/31/id/635623.
2 Eben Alexander: *Proof of Heaven: A Neurosurgeon's Journey into the Afterlife*. New York: Simon und Schuster, 2012, S. 45–46 und 103.
3 Dan Pratt: *Tears on the Church House Floor*. Bloomington: West Bow, 2018, S. 74–76.

Kapitel 7: Sie sind dran

1 „The United Healthcare/Volunteer Match Do Good Live Well Study", März 2010, S. 19, 33, 43. https://cdn.volunteermatch.org/www/about/UnitedHealthcare_VolunteerMatch_Do_Good_Live_ Well_Study.pdf.
2 Bernard Rimland: „The Altruism Paradox". In: *Psychological Reports* 51, Nr. 2, Oktober 1982, S. 521–22. http://www.amscie.pub.com/doi/abs/102466/pr0.1982.52.2.521, zitiert von Randy Alcorn in: *Happiness*. Carol Stream: Tyndale, 2015, S. 291.

Kapitel 8: Unwohlfühlbereich

1 Vine: *Vine's Expository Dictionary*. „Pharisees" (dt.: Pharisäer), S. 863.
2 Stott: *Romans*. A. a. O., S. 359.

3 Dies hat er in einem persönlichen Gespräch mit mir gesagt. Ich gebe den Ausspruch mit seiner Erlaubnis wieder.
4 Zitiert in McGinnis: *The Friendship Factor*. A. a. O., S. 70.
5 Aus einer E-Mail von Brian Reed an mich vom 21. Februar 2016. Abdruck mit Erlaubnis.
6 Mark Rutland: *Streams of Mercy: Receiving and Reflecting God's Grace*. Ann Arbor: Servant Publications, 1999, S. 39.

Kapitel 9: Machen Sie den Mund auf

1 Vine: *Vine's Expository Dictionary*. „Admonition, Admonish" (dt.: Ermahnung, ermahnen), S. 32.

Kapitel 10: Fertiggemacht

1 „Peace of Mind", eine soziologische Studie, durchgeführt von der Duke University, zitiert von Rudy A. Magnan in: *Reinventing American Education: Applying Innovative and Quality Thinking to Solving Problems in Education*. Bloomington: Xlibris, 2010, S. 23. Die übrigen vier Faktoren sind: 1. Mit der Lebenswelt beschäftigen. 2. Altmodische Tugenden kultivieren: Liebe, Humor, Mitgefühl und Treue. 3. Nicht zu viel von sich selbst erwarten. 4. An etwas glauben, das größer ist als man selbst.
2 Charlotte vanOyen-Witvliet, Thomas E. Ludwig u. Kelly L. Vander Laan: „Granting Forgiveness or Harboring Grudges: Implications for Emotion, Physiology, and Health". In: *Psychological Science* 12, Nr. 2, März 2001, S. 117–123. https://greatergood.berkeley.edu/images/uploads/VanOyenWitvliet-GrantingForgiveness.pdf.
3 „John Wesley". Bible.org. https://bible.org/illustration/john-wesley-1.
4 Jayson Casper in Kairo: „Forgiving ISIS: Christian ‚Resistance' Videos Go Viral in Arab World". ChristianityToday.com, 17. März 2015. https://www.christianitytoday.com/gleanings/2015/march/forgiving-isis-christian-resistance-viral-video-sat7-myriam.html.

Kapitel 11: Lass dich lieben und dann gib diese Liebe weiter

1 Ian Fisher: „Fingers That Keep the Most Treasured Violins Fit". In: *New York Times*, 3. Juni 2007. https://www.nytimes.com/2007/06/03/world/europe/03cremona.html. Siehe auch: Martin Gani: „The Violin-Makers of Cremonia". In: *Italy Magazine*, 20. Januar 2012. https://www.italymagazine.com/featured-story/violin-makers-cremona.
2 Vine: *Vine's Expository Dictionary*. A. a. O., S. 702.
3 Ebd., S. 709–710.

Der nächste Schritt: Die Glücks-Challenge

1 John Feinstein: „How Jake Olson of USC Became the Most Famous Long Snapper in College Football". In: *Washington Post*, 5. September 2017. https://www.washingtonpost.com/sports/colleges/how-jake-olson-of-usc-became-the-most-famous-long-snapper-in-college-football/2017/09/05/ 900672f0–923a-11e7–8754-d478688d23b4_story.html?utm_term=.0a4b2ae5befb.

Fragen zum Nachdenken

1 *Bible Study Tools*, s. „parakaleo". https://www.biblestudytools.com/lexicons/greek/nas/parakaleo.html.
2 Craig S. Keener: *The IVP Bible Background Commentary: New Testament*. Downers Grove: InterVarsity, 1993, S. 448.
3 „3560. noutheteó". *Bible Hub*. https://biblehub.com/greek/3560.htm.
4 Henri J. M. Nouwen: *Life of the Beloved: Spiritual Living in a Secular World*. New York: Crossroad Publishing, 1992, S. 77 (dt.: *Du bist der geliebte Mensch*, Herder Verlag, 2015).

Der Verlag weist ausdrücklich darauf hin, dass im Text enthaltene externe Links nur bis zum Zeitpunkt der Buchveröffentlichung eingesehen werden konnten. Auf spätere Veränderungen hat der Verlag keinerlei Einfluss. Eine Haftung des Verlags für externe Links ist stets ausgeschlossen.

Originally published in the U.S.A. under the title: *How Happiness Happens*
Copyright © 2019 by Max Lucado
Published by arrangement with Thomas Nelson, a division of HarperCollins Christian Publishing, Inc.
© der deutschen Ausgabe 2021 by Gerth Medien
in der SCM Verlagsgruppe GmbH, Dillerberg 1, 35614 Asslar
Wenn nicht anders angegeben, wurden die Bibelzitate der
Neues Leben. Die Bibel entnommen. © 2002 und 2006 SCM R. Brockhaus
im SCM-Verlag GmbH & Co. KG, Witten
Weitere verwendete Übersetzungen:
Gute Nachricht Bibel, revidierte Fassung, durchgesehene Ausgabe,
© 2000 Deutsche Bibelgesellschaft, Stuttgart (GN)
Hoffnung für alle®. Copyright © 1983, 1996, 2002, 2015 by Biblica Inc.®.
Verwendet mit freundlicher Genehmigung von Fontis – Brunnen Basel.
Alle weiteren Rechte weltweit vorbehalten. (Hfa)
Lutherbibel, revidiert 2017, © 2016 Deutsche Bibelgesellschaft, Stuttgart (LÜ)
Neue Genfer Übersetzung – Neues Testament und Psalmen,
Copyright © 2011 Genfer Bibelgesellschaft (NGÜ)
Willkommen daheim (Übertragung des Neuen Testaments),
© 2009 by Gerth Medien, Asslar (WD)
Zürcher Bibel, Verlag der Zürcher Bibel beim Theologischen Verlag Zürich,
Ausgabe 2007 (ZB)

1. Auflage 2021
Bestell-Nr. 817742
ISBN 978-3-95734-742-8

Umschlaggestaltung: Joana Kielhorn
Umschlagfoto: Micah Kandros, Micah Kandros Design
Satz: Greiner & Reichel, Köln
Druck und Verarbeitung: GGP Media GmbH, Pößneck
Printed in Germany

www.gerth.de